MÂNCARE REGIONALĂ SPANIOLĂ

2022

REȚETE GUSTATE PENTRU TOȚI IUBITORII DE MÂNCARE SĂNĂTOASĂ

ANA SANCHEZ

Reproducerea integrală sau parțială a acestei cărți nu este permisă.

nici încorporarea lui într-un sistem informatic, nici transmiterea acestuia

sub orice formă sau prin orice mijloc, fie el electronic,

metode mecanice, de fotocopiere, de înregistrare sau alte metode,

fără permisiunea prealabilă scrisă a editorului. infractiunea

dintre drepturile menționate mai sus poate constitui infracțiune

împotriva proprietății intelectuale (art. 270 și urm

din Codul Penal)

CUPRINS

CORDOVAN SALMOREJO 26
    INGREDIENTE 26
    ELABORARE 26
    TRUC 26

SUPA DE CEAPA 27
    INGREDIENTE 27
    ELABORARE 27
    TRUC 27

MINESTRONĂ 28
    INGREDIENTE 28
    ELABORARE 28
    TRUC 29

BISQUE DE HOMUS 30
    INGREDIENTE 30
    ELABORARE 30
    TRUC 31

TOCANĂ DE LEGUME 32
    INGREDIENTE 32
    ELABORARE 32
    TRUC 33

HARD DE CASĂ 34
    INGREDIENTE 34
    ELABORARE 34

TRUC	34
TORTA DE DOVLECEI SI SOMON	35
INGREDIENTE	35
ELABORARE	35
TRUC	36
anghinare cu ciuperci si parmezan	37
INGREDIENTE	37
ELABORARE	37
TRUC	38
VENTELE MARINATE	39
INGREDIENTE	39
ELABORARE	39
TRUC	39
FASOLE OMILETE CU SUNCA SERRANO	41
INGREDIENTE	41
ELABORARE	41
TRUC	41
TRINXAT	42
INGREDIENTE	42
ELABORARE	42
TRUC	42
BROCCOLI GRATINAT CU SLANCA SI SOS AURORA	43
INGREDIENTE	43
ELABORARE	43
TRUC	43
CIULIN CU CREVETI SI COCECI IN SOS VERDE	44

INGREDIENTE 44

ELABORARE 44

TRUC 45

CEAPA CARAMELIZATĂ 46

INGREDIENTE 46

ELABORARE 46

TRUC 46

CIUPERCI Umplute CU SUNCA SERRANO SI SOS PESTO 47

INGREDIENTE 47

ELABORARE 47

TRUC 47

CONOPIDĂ CU AJOARRIERO 48

INGREDIENTE 48

ELABORARE 48

TRUC 48

conopidă rasă 49

INGREDIENTE 49

ELABORARE 49

TRUC 49

DUXELLE 50

INGREDIENTE 50

ELABORARE 50

TRUC 50

ANDIVE CU SOMON Afumat ȘI CABRALES 51

INGREDIENTE 51

ELABORARE 51

TRUC	51
LOMBARDA SEGOVIAN	**52**
INGREDIENTE	52
ELABORARE	52
TRUC	52
SALATA DE ARDEI PRAJIT	**54**
INGREDIENTE	54
ELABORARE	54
TRUC	55
MAZARE FRANCEZĂ	**56**
INGREDIENTE	56
ELABORARE	56
TRUC	56
SPINAC CREMĂ	**58**
INGREDIENTE	58
ELABORARE	58
TRUC	59
FASOLE CU CÂRNAȚI ALB	**60**
INGREDIENTE	60
ELABORARE	60
TRUC	60
FASOLE VERDE CU SUNCA	**61**
INGREDIENTE	61
ELABORARE	61
TRUC	61
TOCANĂ DE MIEL	**62**

INGREDIENTE 62

ELABORARE 62

TRUC 63

MILF DE VENTELE CU BRÂNZĂ DE CAPRĂ, MIERE ȘI CURRY 64

INGREDIENTE 64

ELABORARE 64

TRUC 64

TORTA SPARANGEL ALB SI SOMON Afumat 66

INGREDIENTE 66

ELABORARE 66

TRUC 66

ARDEI PIQUILLO UMPLIT CU MORCILĂ CU SOS DULCE DE MUSTAR 67

INGREDIENTE 67

ELABORARE 67

TRUC 67

CIULIN CU SOS DE MIGDALE 68

INGREDIENTE 68

ELABORARE 68

TRUC 69

PISTO 70

INGREDIENTE 70

ELABORARE 70

TRUC 70

PRAZ CU VINIGRETĂ DE LEGUME 72

INGREDIENTE 72

ELABORARE	72
TRUC	72
QUICHE DE PRAZ, SUNNICĂ ȘI BRÂNZĂ	**73**
INGREDIENTE	73
ELABORARE	73
TRUC	74
ROSII A LA PROVENCAL	**75**
INGREDIENTE	75
ELABORARE	75
TRUC	75
Ceapa Umpluta	**76**
INGREDIENTE	76
ELABORARE	76
TRUC	76
CIUPERCI IN CREMA CU NUCI	**78**
INGREDIENTE	78
ELABORARE	78
TRUC	78
TORȚĂ CU ROSII ȘI BUSUICOC	**79**
INGREDIENTE	79
ELABORARE	79
TRUC	79
TOCANĂ DE CARTOF CU CURY DE PUI	**80**
INGREDIENTE	80
ELABORARE	80
TRUC	81

OUĂ DULCI 82
    INGREDIENTE 82
    ELABORARE 82
    TRUC 82

CARTOFI LA IMPORTANȚĂ 83
    INGREDIENTE 83
    ELABORARE 83
    TRUC 83

OUĂ DE MOLI CU BOLETUS 85
    INGREDIENTE 85
    ELABORARE 85
    TRUC 86

CARTOF ȘI BRAȚUL ALB 87
    INGREDIENTE 87
    ELABORARE 87
    TRUC 88

OMLETĂ DE UTILIZARE A COCIDO (HAINE VECHIE) 89
    INGREDIENTE 89
    ELABORARE 89
    TRUC 90

CARTOFI UMPLUI CU SOMON Afumat, slanina si vinete 90
    INGREDIENTE 90
    ELABORARE 90
    TRUC 91

CROCHETE DE CARTOFI ȘI BRÂNZĂ 91
    INGREDIENTE 91

| ELABORARE | 91 |
| TRUC | 92 |

Cartofi prăjiți buni 93
- INGREDIENTE 93
- ELABORARE 93
- TRUC 93

OUĂ FLORENTINE 94
- INGREDIENTE 94
- ELABORARE 94
- TRUC 94

TOCANĂ DE CARTOF CU PEȘȘE ȘI CREVETI 95
- INGREDIENTE 95
- ELABORARE 95
- TRUC 96

Ouă în stil FLAMENCO 97
- INGREDIENTE 97
- ELABORARE 97
- TRUC 97

TORTILLA PAISANA 98
- INGREDIENTE 98
- ELABORARE 98
- TRUC 99

OUĂ COPTE CU CÂRNAȚI ȘI MUȘTAR 100
- INGREDIENTE 100
- ELABORARE 100
- TRUC 100

OMLETTE DE CARTOF ÎN SOS	101
INGREDIENTE	101
ELABORARE	101
TRUC	102

PURRUSALDA	103
INGREDIENTE	103
ELABORARE	103
TRUC	103

CARTOFI LA CUPTOR	105
INGREDIENTE	105
ELABORARE	105
TRUC	105

CIUPERCI OMILETE	106
INGREDIENTE	106
ELABORARE	106
TRUC	106

OUĂ ÎN PLACĂ CU HAMSOI ȘI MĂSLINE	107
INGREDIENTE	107
ELABORARE	107
TRUC	108

CARTOFI ÎN CREMĂ CU SUNINĂ ȘI PARMEZAN	108
INGREDIENTE	108
ELABORARE	108
TRUC	109

Ouă fierte	109
INGREDIENTE	109

ELABORARE 109

TRUC 109

CARTOFI RIDATI 110

INGREDIENTE 110

ELABORARE 110

TRUC 110

OUĂ PLACATE CU ciuperci, creveți și pasăre sălbatică 111

INGREDIENTE 111

ELABORARE 111

TRUC 112

OLELETĂ DE CARTOF CU CHORIZO ȘI ARDEI VERDE 113

INGREDIENTE 113

ELABORARE 113

TRUC 113

SĂRACI CARTOFII 114

INGREDIENTE 114

ELABORARE 114

TRUC 114

MARELE DUCE OUĂ PLACATE 115

INGREDIENTE 115

ELABORARE 115

TRUC 116

CARTOFI CU COSTE 117

INGREDIENTE 117

ELABORARE 117

TRUC 118

OUĂ PÂNITE 118
    INGREDIENTE 118
    ELABORARE 118
    TRUC 119

CARTOFII ALUNE 119
    INGREDIENTE 119
    ELABORARE 119
    TRUC 119

OUĂ DE MOLI 121
    INGREDIENTE 121
    ELABORARE 121
    TRUC 121

CARTOFII STILUL RIOJANA 122
    INGREDIENTE 122
    ELABORARE 122
    TRUC 123

CARTOFI CU SEPII 123
    INGREDIENTE 123
    ELABORARE 123
    TRUC 124

OMLETTE DE CREVETI CU USSturoi 125
    INGREDIENTE 125
    ELABORARE 125
    TRUC 125

CARTOFI CU COD 126
    INGREDIENTE 126

ELABORARE 126

TRUC 126

PIURE DE CARTOFI 127

    INGREDIENTE 127

    ELABORARE 127

    TRUC 127

TORTILLA DE FASOLE CU MORCILĂ 128

    INGREDIENTE 128

    ELABORARE 128

    TRUC 128

Omletă 130

    INGREDIENTE 130

    ELABORARE 130

    TRUC 130

CARTOFI FĂCĂTI CU NUSCALE 131

    INGREDIENTE 131

    ELABORARE 131

    TRUC 131

OMLETĂ BOLETUS ȘI CAVETI 133

    INGREDIENTE 133

    ELABORARE 133

    TRUC 133

OUĂ GRATATE 134

    INGREDIENTE 134

    ELABORARE 134

    TRUC 134

OMLETTA DE DOVLECEI SI ROSII 135
    INGREDIENTE 135
    ELABORARE 135
    TRUC 135
CARTOFI REVOLCONAS CU TORREZNOS 136
    INGREDIENTE 136
    ELABORARE 136
    TRUC 137
OMLETTA DE CIUPERCI SI PARMEZAN 138
    INGREDIENTE 138
    ELABORARE 138
    TRUC 138
CARTOFI SOUFFLÉ 139
    INGREDIENTE 139
    ELABORARE 139
    TRUC 139
OMLETĂ 140
    INGREDIENTE 140
    ELABORARE 140
    TRUC 140
DUCESA CARTOFII 141
    INGREDIENTE 141
    ELABORARE 141
    TRUC 141
OREZ STIL CUBA 142
    INGREDIENTE 142

- ELABORARE 142
- TRUC 142

OREZ BRUT CU VOCICI, MIDII SI CREVETI 142
- INGREDIENTE 143
- ELABORARE 143
- TRUC 144

OREZ CANTONEZ CU PUI 145
- INGREDIENTE 145
- ELABORARE 145
- TRUC 146

Orez în crusta 147
- INGREDIENTE 147
- ELABORARE 147
- TRUC 148

OREZ CATALAN 149
- INGREDIENTE 149
- ELABORARE 150
- TRUC 150

OREZ BRUTAT CU FASOLE ALB ȘI BLUG 151
- INGREDIENTE 151
- ELABORARE 151
- TRUC 152

OREZ CU TON PROASPUT 153
- INGREDIENTE 153
- ELABORARE 153
- TRUC 154

OREZ CU PUI, SLANCA, MIGDALE SI STAFIDE 155
    INGREDIENTE 155
    ELABORARE 155
    TRUC..156
OREZ CU COD SI FASOLE ALBA... 157
    INGREDIENTE 157
    ELABORARE 157
    TRUC..158
OREZ CU HOMUS 159
    INGREDIENTE 159
    ELABORARE 159
    TRUC..160
Orezul grecesc 161
    INGREDIENTE 161
    ELABORARE 161
    TRUC..162
OREZ PÂNIT..163
    INGREDIENTE 163
    ELABORARE 163
    TRUC..164
OREZ BROT DE FRUCCE DE MARE 165
    INGREDIENTE 165
    ELABORARE 165
    TRUC..166
OREZ TREI DELICATE... 167
    INGREDIENTE 167

- ELABORARE 167
- TRUC 167
- OREZ NETED CU PARCINI 168
  - INGREDIENTE 168
  - ELABORARE 168
  - TRUC 169
- RISOTT DE SOMON SI SPARANGEL SALBATIC 170
  - INGREDIENTE 170
  - ELABORARE 170
  - TRUC 171
- OREZ CU PESȘTE, NĂUT ȘI SPANAC 172
  - INGREDIENTE 172
  - ELABORARE 172
  - TRUC 173
- OREZ SAU CALDEIRO 174
  - INGREDIENTE 174
  - ELABORARE 174
  - TRUC 175
- OREZ NEGRU CU CALAMAR 176
  - INGREDIENTE 176
  - ELABORARE 176
  - TRUC 177
- OREZ PILAF 178
  - INGREDIENTE 178
  - ELABORARE 178
  - TRUC 178

FIDEUÁ DE PESTE SI FRUCCE DE MARE 179
    INGREDIENTE 179
    ELABORARE 179
    TRUC 180

PASTĂ PUTANESCA 181
    INGREDIENTE 181
    ELABORARE 181
    TRUC 182

CANELLONI DE SPANAC SI BRÂNZĂ DE VACIE 183
    INGREDIENTE 183
    ELABORARE 183
    TRUC 184

SPAGHETTI MARINERA 185
    INGREDIENTE 185
    ELABORARE 185
    TRUC 186

LASAGNE DE PASTE PROASPE FLORENTINE 187
    INGREDIENTE 187
    ELABORARE 188
    TRUC 189

SPAGHETTI CU SOS CARBONARA 190
    INGREDIENTE 190
    ELABORARE 190
    TRUC 190

CANELLONI DE CARNE CU BESAMEL DE CIUBICI 191
    INGREDIENTE 191

- ELABORARE 192
- TRUC 192
- LASAGNE DE MERPI SI CALAMARI 193
  - INGREDIENTE 193
  - ELABORARE 194
  - TRUC 194
- PAELLA MIXTA 195
  - INGREDIENTE 195
  - ELABORARE 195
  - TRUC 196
- LASAGNE DE LEGUME CU BRÂNZĂ PROASĂ ȘI CHIMEN 197
  - INGREDIENTE 197
  - ELABORARE 197
  - TRUC 198
- FIDEI CU IAURT SI TON 199
  - INGREDIENTE 199
  - ELABORARE 199
  - TRUC 199
- GNOCCHI DE CARTOF CU BRÂNZĂ ALBASTRĂ ȘI SOS DE FIST .200
  - INGREDIENTE 200
  - ELABORARE 200
  - TRUC 201
- PASTA CARBONARA DE SOMON 202
  - INGREDIENTE 202
  - ELABORARE 202
  - TRUC 202

FIDEI CU BOLETUS 203
    INGREDIENTE 203
    ELABORARE 203
    TRUC...203
PIZZA GRĂTAR 204
    INGREDIENTE 204
    ELABORARE 205
    TRUC... 206
RISOTT DE CÂRNAȚI ALB CU VIN ROSIU ȘI RUCĂ 207
    INGREDIENTE 207
    ELABORARE 207
    TRUC... 208
FIDEI CU CREVETI, PANGICI DE LEGUME SI SOIA 209
    INGREDIENTE 209
    ELABORARE 209
    TRUC... 209
ROSEJAT DE FIDEI CU SEPII SI CREVETI 210
    INGREDIENTE 210
    ELABORARE 210
    TRUC... 210
FIDEI CU MUCHĂ DE PORC CU CABRALES................................ 211
    INGREDIENTE 211
    ELABORARE 211
    TRUC...211
TOCANĂ DE MUNTE 212
    INGREDIENTE 212

ELABORARE 212

TRUC 213

FASOLE TOLOSA 214

INGREDIENTE 214

ELABORARE 214

CORDOVAN SALMOREJO

INGREDIENTE

1 kg de roșii

200 g pâine

2 catei de usturoi

Oțet

100 ml ulei de măsline

Sare

ELABORARE

Amesteca totul bine, mai putin uleiul si otetul. Se trece printr-un chinezesc si se adauga putin cate putin in timp ce se bate uleiul. Se condimentează cu sare și oțet.

TRUC

Îndepărtați germenul central al usturoiului pentru a preveni repetarea acestuia.

SUPA DE CEAPA

INGREDIENTE

750 g ceapă

100 g unt

50 g branza rasa

1 ½ litru de supă de pui

1 felie de pâine prăjită de persoană

Sare

ELABORARE

Căleți încet ceapa tăiată julien în unt. Acoperiți și braconați aproximativ 1 oră.

Cand ceapa este moale adaugam bulionul si condimentam cu sare.

Turnați supa în recipiente individuale cu pâinea prăjită și brânza și gratinați.

TRUC

Succesul acestei rețete este momentul de a bracona ceapa. Puteți adăuga 1 cățel întreg de usturoi, 1 crenguță de cimbru și un strop de vin alb sau țuică.

MINESTRONĂ

INGREDIENTE

150 g de roșii

100 g fasole albă fiartă

100 g de bacon

100 g varză

50 g morcovi

50 g nap

50 g fasole verde

25 g macaroane mici

50 g mazăre

3 catei de usturoi

1 praz mare

1 dl ulei de măsline

Sare

ELABORARE

Curățați și tăiați legumele în bucăți mici. Intr-o oala incinsa se adauga uleiul, baconul taiat bucatele mici si se prajesc 3 min. Adaugati rosiile tocate si prajiti pana isi pierd apa.

Se toarnă bulionul, se fierbe și se adaugă legumele tocate. Cand sunt moi, adauga fasolea si macaroanele. Gatiti pana cand pastele sunt gata si asezonati cu sare.

TRUC

În multe zone ale Italiei, această supă delicioasă este însoțită de o lingură bună de sos pesto per cină.

BISQUE DE HOMUS

INGREDIENTE

1 homar de ½ kg

250 g de roșii

200 g de praz

150 g de unt

100 g morcovi

100 g ceapă

75 g de orez

1 ½ l supa de peste

¼ l smantana

1 dl rachiu

1 dl vin

1 crenguță de cimbru

2 foi de dafin

Sare si piper

ELABORARE

Tăiați homarul în bucăți și sotiți cu 50 g de unt până se înroșește. Se flambează cu țuică și se acoperă cu vin. Acoperiți și gătiți 15 min.

Rezervați carnea de homar. Zdrobiți-le carcasele împreună cu țuica, vinul de gătit și fumetul. Treci printr-un chinezesc și rezervă.

Se calesc legumele (in ordinea duritatii) taiate bucatele mici cu restul de unt. Adăugați roșiile la sfârșit. Se umezește cu bulionul rezervat, se adaugă ierburile și orezul. Gatiti 45 min. Se amestecă și se trece printr-o strecurătoare. Adăugați smântâna și gătiți încă 5 minute.

Serviți crema însoțită de homarul tocat.

TRUC

Flambe înseamnă a arde o băutură alcoolică astfel încât alcoolul să dispară, dar nu și gustul. Este important să faceți acest lucru cu extractorul oprit.

TOCANĂ DE LEGUME

INGREDIENTE

150 g sunca Serrano taiata cubulete

150 g fasole verde

150 g conopidă

150 g mazăre

150 g fasole

2 linguri de faina

3 anghinare

2 oua fierte tari

2 morcovi

1 ceapă

1 catel de usturoi

1 lămâie

Ulei de masline

Sare

ELABORARE

Curățați anghinarea, aruncându-le frunzele și vârfurile exterioare. Gatiti din apa clocotita pana se inmoaie cu 1 lingura de faina si zeama de lamaie. Reîmprospătați și rezervați.

Curățați și tăiați morcovii în bucăți medii. Scoateți sforile și capetele fasolei și tăiați-le în 3 părți. Scoateți buchețelele din conopidă. Fierbeți apa și gătiți fiecare legumă separat până când se înmoaie. Reîmprospătați și rezervați.

Înjumătățiți bulionul de gătit de legume (cu excepția bulionului de anghinare).

Tăiați mărunt ceapa și usturoiul. Braconați timp de 10 minute împreună cu șunca Serrano tăiată cubulețe. Adăugați cealaltă lingură de făină și prăjiți încă 2 minute. Adăugați 150 ml de bulion de legume. Scoateți și gătiți 5 min. Se adauga legumele si ouale tari taiate in sferturi. Gatiti 2 minute si rectificati sarea.

TRUC

Legumele trebuie gătite separat pentru că nu au același timp de gătire.

HARD DE CASĂ

INGREDIENTE

1 ¼ kg chart

750 g cartofi

3 catei de usturoi

2 dl ulei de măsline

Sare

ELABORARE

Spălați mătgul și tăiați frunzele în bucăți mari. Curățați frunzele și tăiați-le în bețișoare. Fierbeți frunzele și tulpinile în apă clocotită cu sare timp de 5 minute. Reîmprospătați, scurgeți și rezervați.

Gatiti cartofii curatati si cachelada timp de 20 de minute in aceeasi apa. Scurgeți și rezervați.

Rumeniți în ulei usturoiul curățat și filet. Adăugați pencas, frunzele, cartofii și prăjiți 2 min. Ajustați sarea.

TRUC

Pencas-urile pot fi folosite pentru a le umple cu șuncă și brânză. Apoi sunt aluate și prăjite.

TORTA DE DOVLECEI SI SOMON

INGREDIENTE

400 g dovlecei

200 g somon proaspat (fara oase)

750 ml de smântână

6 ouă

1 ceapă

Ulei de masline

Sare si piper

ELABORARE

Ceapa se toaca marunt si se caleste in putin ulei. Tăiați dovleceii cubulețe mici și adăugați-i la ceapă. Braconați la foc mediu 10 min.

Se mixează și se toarnă ½ l de smântână și 4 ouă până se obține un aluat fin.

Se pune in forme individuale unse si infainate in prealabil si se coace la 170 ºC pe baie de apa pentru aproximativ 10 min.

Între timp, rumeniți ușor somonul tăiat cubulețe în puțin ulei. Se condimentează și se amestecă împreună cu restul de smântână și 2 ouă. Adăugați deasupra prăjiturii cu dovlecei. Continuați să coaceți încă 20 de minute sau până când se fixează bine.

TRUC

Se serveste cald insotita de o maioneza zdrobita in prealabil cu cateva suvite de sofran prajit.

anghinare cu ciuperci si parmezan

INGREDIENTE

1 ½ kg de anghinare

200 g de ciuperci

50 g parmezan

1 pahar de vin alb

3 roșii mari

1 ceapa primavara

1 lămâie

Ulei de masline

Sare si piper

ELABORARE

Curățați anghinarea, îndepărtați tulpina, frunzele exterioare dure și vârful. Tăiați în patru și frecați cu lămâia pentru a preveni oxidarea lor. Rezervă.

Căleți încet ceapa tocată în bucăți mici. Ridicați focul și adăugați ciupercile curățate și tăiate felii. Gatiti 3 min. Se toarnă vinul și se adaugă roșiile ras și anghinarea. Acoperiți și gătiți 10 minute sau până când anghinarea sunt fragede și sosul se îngroașă.

Farfurie, sos și stropiți cu parmezan.

TRUC

O altă modalitate de a preveni oxidarea anghinarelor este scufundarea lor în apă rece cu mult pătrunjel proaspăt.

VENTELE MARINATE

INGREDIENTE

2 vinete mari

3 linguri suc de lamaie

3 linguri patrunjel proaspat tocat

2 linguri de usturoi tocat

1 lingura chimen macinat

1 lingura de scortisoara

1 lingura boia iute

Ulei de masline

Sare

ELABORARE

Tăiați vinetele felii pe lungime. Se presară cu sare și se lasă pe hârtie de bucătărie 30 min. Clătiți cu multă apă și rezervați.

Se toarnă un strop de ulei și sare deasupra feliilor de vinete și se coace 25 de minute la 175 °C.

Combinați restul ingredientelor într-un bol. Adăugați vinetele la amestec și amestecați. Acoperiți și păstrați la frigider pentru 2 ore.

TRUC

Pentru ca vinetele să-și piardă amărăciunea, se pot scufunda și în lapte cu puțină sare timp de 20 de minute.

FASOLE OMILETE CU SUNCA SERRANO

INGREDIENTE

1 borcan de fasole în ulei

2 catei de usturoi

4 felii de sunca serrano

1 ceapa primavara

2 oua

Sare si piper

ELABORARE

Scurgeți uleiul de fasole într-o tigaie. Se rumeneste ceapa taiata bucatele mici, usturoiul laminat si sunca taiata fasii subtiri. Se mărește focul, se adaugă fasolea și se călește timp de 3 minute.

Separat, batem ouale si asezonam cu sare. Se toarnă ouăle peste fasole și se coagulează ușor, amestecând continuu.

TRUC

Adăugați puțină smântână sau lapte în ouăle bătute pentru a le face mai netede.

TRINXAT

INGREDIENTE

1 kg de varză

1 kg de cartofi

100 g bacon

5 catei de usturoi

Ulei de masline

Sare

ELABORARE

Se dezlipește, se spală varza și se taie în felii subțiri. Curățați și tăiați cartofii în sferturi. Gatiti totul impreuna timp de 25 de minute. Se scoate si se zdrobesc cu o furculita pana se obtine un piure.

Se caleste intr-o tigaie usturoiul tocat si baconul taiat fasii. Se adauga in aluatul de cartofi anterior si se rumeneste 3 minute pe fiecare parte ca si cum ar fi o omleta de cartofi.

TRUC

Varza trebuie să fie bine scursă după gătire, altfel trinxat-ul nu se va rumeni bine.

BROCCOLI GRATINAT CU SLANCA SI SOS AURORA

INGREDIENTE

150 g slănină în fâșii

1 broccoli mare

Sos Aurora (vezi secțiunea Cioroane și sosuri)

Ulei de masline

Sare si piper

ELABORARE

Prăjiți bine fâșiile de bacon într-o tigaie și lăsați deoparte.

Împărțiți broccoli în buchete și gătiți în multă apă cu sare timp de 10 minute sau până când se înmoaie. Se scurge si se pune pe o tava de copt.

Peste broccoli se pune baconul, apoi sosul aurora si se gratina la temperatura maxima pana devin aurii.

TRUC

Pentru a minimiza mirosul de broccoli, adăugați un strop de oțet în apa de gătit.

CIULIN CU CREVETI SI COCECI IN SOS VERDE

INGREDIENTE

500 g carduri fierte

2 dl vin alb

2 dl supa de peste

2 linguri patrunjel proaspat tocat

1 lingura de faina

20 scoici

4 catei de usturoi

1 ceapă

Ulei de masline

Sare

ELABORARE

Tăiați ceapa și usturoiul în bucăți mici. Se caleste incet timp de 15 minute cu 2 linguri de ulei.

Adaugati faina si gatiti 2 minute, amestecand continuu. Ridicați focul, turnați vinul și lăsați-l să se reducă complet.

Se umezește cu fumet și se fierbe timp de 10 minute la foc mic, amestecând continuu. Se adauga patrunjelul si se condimenteaza cu sare.

Adăugați scoicile și cardoanele curățate anterior. Acoperiți și gătiți 1 minut până când scoicile se deschid.

TRUC

Nu fierbeți prea mult pătrunjelul pentru ca acesta să nu-și piardă culoarea și să devină maroniu.

CEAPA CARAMELIZATĂ

INGREDIENTE

2 cepe mari

2 linguri de zahar

1 lingurita de otet de Modena sau Sherry

ELABORARE

Prăjiți încet ceapa tăiată julien, acoperită, până devine translucida

Acoperiți și gătiți până devin maro. Adăugați zahărul și gătiți încă 15 minute. Se face baie cu otet si se mai fierbe 5 min.

TRUC

Pentru a face o omletă cu această cantitate de ceapă caramelizată, folosiți 800 g de cartofi și 6 ouă.

CIUPERCI Umplute CU SUNCA SERRANO SI SOS PESTO

INGREDIENTE

500 g de ciuperci proaspete

150 g șuncă Serrano

1 ceapa primavara tocata marunt

Sos pesto (vezi secțiunea Ciouri și sosuri)

ELABORARE

Tocați mărunt ceapa și șunca. Rumeniți-le încet 10 min. Lasă-le să se răcească.

Curățați și îndepărtați trunchiul ciupercilor. Prăjiți-le într-o tigaie cu susul în jos timp de 5 minute.

Umpleți ciupercile cu șuncă și ceapa primăvară, puneți deasupra puțin sos pesto și coaceți la 200°C aproximativ 5 minute.

TRUC

Nu este necesar să adăugați sare, deoarece șunca și sosul pesto sunt puțin sărate.

CONOPIDĂ CU AJOARRIERO

INGREDIENTE

1 conopida mare

1 lingura boia dulce

1 lingura de otet

2 catei de usturoi

8 linguri ulei de masline

Sare

ELABORARE

Împărțiți conopida în buchete și gătiți-o în multă apă cu sare timp de 10 minute sau până când este gata.

Fileați usturoiul și rumeniți în ulei. Luați tigaia de pe foc și adăugați boia de ardei. Gatiti 5 secunde si adaugati otetul. Asezonați cu sare și sos cu sofrito.

TRUC

pentru ca conopida să miroase mai puțin când se gătește, adăugați 1 pahar de lapte în apă.

conopidă rasă

INGREDIENTE

100 g parmezan ras

1 conopida mare

2 galbenusuri de ou

Sos bechamel (vezi secțiunea Ciouri și sosuri)

ELABORARE

Împărțiți conopida în buchete și gătiți-o în multă apă cu sare timp de 10 minute sau până când este gata.

Se adauga in sosul bechamel (odata luat de pe foc) in timp ce se bat galbenusurile si branza.

Puneți conopida într-un recipient pentru cuptor și stropiți cu sosul bechamel. Grill la temperatura maxima pana cand suprafata devine aurie.

TRUC

Când se adaugă brânză rasă și gălbenușurile de ou la bechamel, acesta devine un nou sos numit Mornay.

DUXELLE

INGREDIENTE

500 g de ciuperci

100 g de unt

100 g ceapa primavara (sau ceapa)

Sare si piper

ELABORARE

Curățați și tăiați ciupercile în bucăți cât mai mici.

Se caleste ceapa taiata in bucatele foarte mici in unt si se adauga ciupercile. Se caleste pana cand lichidul se pierde complet. Sezon.

TRUC

Poate fi un acompaniament perfect, o umplutură sau chiar un prim fel. Duxelle de ciuperci cu ouă poșate, piept de pui umplut cu duxelle etc.

ANDIVE CU SOMON Afumat ȘI CABRALES

INGREDIENTE

200 g smantana

150 g de somon afumat

100 g de brânză Cabrales

50 g nuci decojite

6 muguri de andive

Sare si piper

ELABORARE

Se scot andivele, se spală bine cu apă rece și se scufundă în apă cu gheață timp de 15 minute.

Amestecam intr-un bol branza, somonul taiat fasii, nucile, smantana, sarea si piperul si umplem andivele cu acest sos.

TRUC

Clătirea andivelor sub apă rece și scufundarea lor în apă cu gheață ajută la îndepărtarea amărăciunii lor.

LOMBARDA SEGOVIAN

INGREDIENTE

40 g nuci de pin

40 g stafide

1 lingura boia de ardei

3 catei de usturoi

1 varză roșie

1 măr de sâmburi

Ulei de masline

Sare

ELABORARE

Scoateți tulpina centrală și frunzele exterioare ale varzei roșii și tăiați-le în fâșii julienne. Mărul cu decor fără a îndepărta coaja și tăiați-l în sferturi. Gatiti varza rosie, stafidele si marele timp de 90 de minute. Scurgeți și rezervați.

Tăiați usturoiul în felii și rumeniți-le într-o tigaie. Adăugați nucile de pin și prăjiți-le. Adaugam boiaua si adaugam varza rosie cu stafidele si marul. Se caleste timp de 5 min.

TRUC

Pentru a preveni ca varza roșie să-și piardă culoarea, începeți să gătiți cu apă clocotită și adăugați un strop de oțet.

SALATA DE ARDEI PRAJIT

INGREDIENTE

3 roșii

2 vinete

2 cepe

1 ardei gras rosu

1 cap de usturoi

Oțet (opțional)

ulei de măsline extra virgin

Sare

ELABORARE

Preîncălziți cuptorul la 170ºC.

Spălați vinetele, ardeiul și roșiile și curățați ceapa. Asezati toate legumele pe o tava de copt si stropiti cu un jet generos de ulei. Se prăjește timp de 1 oră, întorcându-se ocazional pentru a se prăji uniform. Scoateți pe măsură ce sunt făcute.

Lăsați ardeiul să se răcească, îndepărtați coaja și semințele. Iulienează ardeiul, ceapa și vinetele, de asemenea, fără semințe. Scoateți, apăsând ușor, cățeii de usturoi de pe capul prăjit.

Se amestecă toate legumele într-un bol, se condimentează cu un praf de sare și cu uleiul din friptură. De asemenea, puteți adăuga câteva picături de oțet.

TRUC

Este convenabil să se facă niște incizii în coaja vinetei și roșii pentru a nu sparge la prăjire și astfel să le curățați mai ușor.

MAZARE FRANCEZĂ

INGREDIENTE

850 g de mazăre curată

250 g ceapă

90 g șuncă serrano

90 g de unt

1 litru de bulion de carne

1 lingura de faina

1 salata verde curata

Sare

ELABORARE

Se caleste in unt ceapa taiata bucatele mici si sunca taiata cubulete. Adăugați făina și prăjiți 3 min.

Adăugați bulionul și gătiți încă 15 minute, amestecând din când în când. Adăugați mazărea și gătiți 10 minute la foc mediu.

Adăugați julienne fină de salată verde și gătiți încă 5 minute. Pune un praf de sare.

TRUC

Gătiți mazărea neacoperită pentru a nu deveni gri. Adăugarea unui praf de zahăr în timpul gătirii îmbunătățește aroma mazărei.

SPINAC CREMĂ

INGREDIENTE

3/4 kg spanac proaspăt

45 g unt

45 g de făină

½ litru de lapte

3 catei de usturoi

Nucşoară

Ulei de masline

Sare si piper

ELABORARE

Faceţi un bechamel cu untul topit şi făina. Se caleste incet timp de 5 minute si se adauga laptele, amestecand continuu. Gatiti 15 minute si asezonati cu sare, piper si nucsoara.

Se fierbe spanacul in multa apa cu sare. Scurgeţi, răciţi şi stoarceţi bine, astfel încât să fie complet uscate.

Se taie usturoiul si se prajeste in ulei timp de 1 minut. Se adauga spanacul si se caleste la foc mediu 5 minute.

Se amestecă spanacul cu bechamelul şi se fierbe, amestecând continuu, încă 5 minute.

TRUC

Însoțiți câteva triunghiuri prăjite de pâine feliată.

FASOLE CU CÂRNAȚI ALB

INGREDIENTE

1 borcan de fasole în ulei

2 catei de usturoi

1 carnat alb

1 ceapa primavara

Ulei de masline

Sare

ELABORARE

Scurgeți uleiul de fasole într-o tigaie. Rumeniți ceapa și usturoiul în bucăți mici în acel ulei și adăugați cârnații tăiați cubulețe.

Gatiti 3 minute pana se rumenesc usor. Se ridică focul, se adaugă fasolea și se mai calează încă 3 min. Pune un praf de sare.

TRUC

Se poate face si cu fasole frageda. Pentru a face acest lucru, fierbeți în apă rece timp de 15 minute sau până când se înmoaie. Reîmprospătați cu apă și gheață și curățați. Apoi, faceți rețeta în același mod.

FASOLE VERDE CU SUNCA

INGREDIENTE

600 g fasole verde

150 g șuncă Serrano

1 lingurita boia

5 roșii

3 catei de usturoi

1 ceapă

Ulei de masline

Sare

ELABORARE

Scoateți părțile laterale și capetele fasolei și tăiați-le în bucăți mari. Gatiti in apa clocotita 12 min. Scurgeți, răciți și rezervați.

Tăiați ceapa și usturoiul în bucăți mici. Braconați încet timp de 10 minute și adăugați șunca Serrano. Se mai caleste inca 5 minute. Adaugam boiaua de ardei si rosiile rase si prajim pana isi pierd toata apa.

Adăugați fasolea verde în sos și gătiți încă 3 minute. Pune un praf de sare.

TRUC

Șunca Serrano poate fi înlocuită cu chorizo.

TOCANĂ DE MIEL

INGREDIENTE

450 g carne de miel

200 g fasole verde

150 g fasole decojită

150 g mazăre

2 litri de bulion de carne

2 dl vin roșu

4 inimioare de anghinare

3 catei de usturoi

2 roșii mari

2 cartofi mari

1 ardei gras verde

1 ardei gras rosu

1 ceapă

Ulei de masline

Sare si piper

ELABORARE

Tăiați, asezonați și rumeniți mielul la foc iute. Scoateți și rezervați.

Căleți încet usturoiul și ceapa tăiate în bucăți mici în același ulei timp de 10 minute. Adăugați roșiile rase și gătiți până când apa se evaporă complet. Se umezește cu vinul și se lasă să se reducă. Se toarnă bulionul, se adaugă mielul și se fierbe timp de 50 de minute sau până când carnea este fragedă. Sezon.

Separat, într-o altă cratiță, căliți ardeii tăiați cubulețe, mazărea, anghinarea tăiată în sferturi, fasolea fără fir tăiată în 8 bucăți și fasolea. Se toarnă bulionul de gătit de miel și se aduce încet la fiert timp de 5 minute. Se adauga cartofii curatati si taiati cubulete. Gatiti pana se inmoaie. Adăugați mielul și puțin din bulionul său de gătit.

TRUC

Gătiți mazărea neacoperită, astfel încât culoarea lor să nu devină cenușie.

MILF DE VENTELE CU BRÂNZĂ DE CAPRĂ, MIERE ȘI CURRY

INGREDIENTE

200 g brânză de capră

1 vinete

Miere

Curry

Făină

Ulei de masline

Sare

ELABORARE

Tăiați vinetele în felii subțiri, puneți-o pe hârtie absorbantă și sare pe ambele părți. Se lasa sa se odihneasca 20 min. Îndepărtați excesul de sare, făină și prăjiți.

Tăiați brânza în felii subțiri. Asamblați straturi de vinete și brânză. Se coace 5 min la 160 ºC.

Se pune în farfurie și se adaugă 1 linguriță de miere și un praf de curry la fiecare felie de vinete.

TRUC

Tăiind vinetele și lăsându-le cu sare, se elimină toată amărăciunea.

TORTA SPARANGEL ALB SI SOMON Afumat

INGREDIENTE

400 g sparanghel la conserva

200 g de somon afumat

½ l smantana

4 ouă

Făină

Ulei de masline

Sare si piper

ELABORARE

Amestecă toate ingredientele până obții un aluat fin. Se strecoară pentru a evita firele de sparanghel.

Se toarna in forme individuale unse si infainate in prealabil. Se coace la 170°C timp de 20 min. Se poate lua cald sau rece.

TRUC

Un acompaniament perfect este o maioneză făcută cu frunze de busuioc proaspăt zdrobite.

ARDEI PIQUILLO UMPLIT CU MORCILĂ CU SOS DULCE DE MUSTAR

INGREDIENTE

125 ml crema

8 linguri de muștar

2 linguri de zahar

12 ardei piquillo

2 cârnați

Pinoane

Făină și ouă (pentru acoperire)

Ulei de masline

ELABORARE

Se sfărâmă budinca neagră și se rumenește împreună cu o mână de nuci de pin într-o tigaie fierbinte. Lasam sa se raceasca si umplem ardeii. Rulați în făină și ou, și prăjiți în ulei din belșug.

Se fierbe smântâna cu muștarul și zahărul până se îngroașă. Serviți ardeii cu sosul iute.

TRUC

Ardeii trebuie sa prajiti putin cate putin si cu uleiul foarte incins.

CIULIN CU SOS DE MIGDALE

INGREDIENTE

900 g cardoane fierte

75 g migdale granulate

50 g de făină

50 g de unt

1 litru de bulion de pui

1 dl vin alb

1dl de smântână

1 lingura patrunjel proaspat tocat

2 catei de usturoi

2 galbenusuri de ou

1 ceapă

Ulei de masline

Sare si piper

ELABORARE

Se calesc incet migdalele si faina in unt timp de 3 minute. Se toarnă bulionul de pui în timp ce se bate în continuare și se fierbe încă 20 de minute. Adaugam smantana si de pe foc adaugam galbenusurile in timp ce batem. Sezon.

Separat, căliți ceapa și usturoiul tăiate cubulețe mici în ulei. Se adauga ciulinii, se ridica focul si se uda cu vinul. Lasă-l să se reducă complet.

Adaugam bulionul in ciulin si servim cu patrunjel deasupra.

TRUC

Nu supraîncălziți sosul odată ce gălbenușurile au fost încorporate pentru a nu se coagul și sosul să rămână cocoloși.

PISTO

INGREDIENTE

4 roșii coapte

2 ardei verzi

2 dovlecei

2 cepe

1 ardei gras rosu

2-3 catei de usturoi

1 lingurita de zahar

Ulei de masline

Sare

ELABORARE

Se albesc roșiile, se scot coaja și se toacă cubulețe. Curățați și tăiați ceapa și dovleceii. Curățați ardei de semințe și tăiați carnea în cuburi.

Se rumenesc usturoiul si ceapa cu putin ulei 2 min. Adăugați ardeii și continuați să prăjiți încă 5 minute. Adăugați dovleceii și braconați încă câteva minute. La final se adauga rosiile si se fierbe pana isi pierd toata apa. Rectifică zahărul și sarea și aducem la fiert.

TRUC

Puteți folosi conserve de roșii zdrobite sau un sos de roșii bun.

PRAZ CU VINIGRETĂ DE LEGUME

INGREDIENTE

8 praz

2 catei de usturoi

1 ardei gras verde

1 ardei gras rosu

1 ceapa primavara

1 castravete

12 linguri de ulei

4 linguri de otet

Sare si piper

ELABORARE

Se toacă mărunt ardeii, ceapa primăvară, usturoiul și castravetele. Amestecați cu ulei, oțet, sare și piper. Elimina.

Curățați prazul și fierbeți-l în apă clocotită timp de 15 minute. Scoateți, uscați și tăiați fiecare în 3 bucăți. Farfurie si sos cu vinegreta.

TRUC

Faceți o vinegretă de roșii, ceapă primăvară, capere și măsline negre. Gratinați praz cu mozzarella și sos. Delicios.

QUICHE DE PRAZ, SUNNICĂ ȘI BRÂNZĂ

INGREDIENTE

200 g brânză manchego

1 litru de smântână

8 ouă

6 praz mare curatat

1 pachet de bacon afumat

1 pachet de foietaj congelat

Făină

Ulei de masline

Sare si piper

ELABORARE

Se unge si se faina o forma si se tapeteaza cu aluat foietaj. Deasupra puneti folie de aluminiu si legumele pentru a preveni cresterea si coaceti 15 minute la 185 ºC.

Între timp, prăjiți încet prazul tăiat mărunt. Adaugam si baconul impartit marunt.

Combinați ouăle bătute cu smântâna, prazul, baconul și brânza rasă. Se condimentează cu sare și piper și se pune acest amestec deasupra foietajului și se coace la 165 ºC timp de 45 de minute sau până se întărește.

TRUC

Pentru a verifica dacă quiche-ul este setat, înțepați centrul cu un ac. Daca iese uscat, este semn ca prajitura este deja facuta.

ROSII A LA PROVENCAL

INGREDIENTE

100 g pesmet

4 roșii

2 catei de usturoi

Pătrunjel

Ulei de masline

Sare si piper

ELABORARE

Curățați și tăiați usturoiul în bucăți mici și amestecați cu pesmetul. Tăiați roșiile în jumătate și îndepărtați semințele.

Încinge uleiul într-o tigaie și adaugă roșiile tăiate în jos. Când pielea începe să se ridice de la margini, întoarceți-o. Gatiti inca 3 minute si puneti-le intr-o tava de copt.

Rumeniți amestecul de pâine și usturoiul în aceeași tigaie. Odată prăjite, se presară peste roșii. Preîncălziți cuptorul la 180 °C și coaceți timp de 10 minute, având grijă să nu le uscați.

TRUC

De obicei se consumă ca garnitură, dar și ca fel principal însoțit de mozzarella ușor coaptă.

Ceapa Umpluta

INGREDIENTE

125 g carne de vită tocată

125 g bacon

2 linguri sos de rosii

2 linguri de pesmet

4 cepe mari

1 ou

Ulei de masline

Sare si piper

ELABORARE

Se caleste baconul taiat cubulete si carnea tocata condimentata pana isi pierde culoarea roz. Adăugați roșia și gătiți încă 1 minut.

Amestecați carnea cu oul și pesmetul.

Scoateți primul strat de ceapă și bazele acestora. Gatiti acoperit cu apa 15 min. Se usucă, se scoate centrul și se umple cu carne. Se coace 15 min la 175 ºC.

TRUC

Puteți face un sos Mornay înlocuind jumătate din lapte cu apa de la gătirea cepei. Sos peste și gratinați.

CIUPERCI IN CREMA CU NUCI

INGREDIENTE

1 kg de ciuperci amestecate

250 ml de smântână

125 ml coniac

2 catei de usturoi

Nuci

Ulei de masline

Sare si piper

ELABORARE

Rumeniți usturoiul filet într-o cratiță. Ridicați focul și adăugați ciupercile curățate și tăiate fâșii. Se caleste timp de 3 min.

Se umezește cu țuică și se lasă să se reducă. Se toarnă smântâna și se fierbe încet încă 5 minute. Zdrobiți o mână de nuci într-un mojar și turnați-le deasupra.

TRUC

O opțiune bună sunt ciupercile cultivate și chiar cele deshidratate.

TORȚĂ CU ROSII ȘI BUSUICOC

INGREDIENTE

½ l smantana

8 linguri de sos de rosii (vezi sectiunea Ciouri si sosuri)

4 ouă

8 frunze proaspete de busuioc

Făină

Ulei de masline

Sare si piper

ELABORARE

Amestecă toate ingredientele până obții o pastă omogenă.

Preîncălziți cuptorul la 170ºC. Împărțiți în forme individuale înfăinate și unse în prealabil și coaceți 20 min.

TRUC

Este o opțiune grozavă pentru a profita de sosul de roșii care a rămas de la o altă rețetă.

TOCANĂ DE CARTOF CU CURY DE PUI

INGREDIENTE

1 kg de cartofi

½ litru de bulion de pui

2 piept de pui

1 lingura de curry

2 catei de usturoi

2 rosii

1 ceapă

1 frunză de dafin

Ulei de masline

Sare si piper

ELABORARE

Tăiați piepții cubulețe medii. Se condimentează și se rumenește în ulei încins. Scoateți și rezervați.

Căleți ceapa și usturoiul tăiate cubulețe mici în același ulei la foc mic timp de 10 minute. Adăugați curry și prăjiți încă un minut. Adăugați roșiile ras, ridicați focul și fierbeți până când roșia își pierde toată apa.

Curățați și decojiți cartofii. Adăugați-le în sos și gătiți timp de 3 minute. Se face baie cu bulionul si frunza de dafin. Gatiti la foc mic pana cartofii sunt gata si asezonati cu sare si piper.

TRUC

Scoateți puțin bulion și câțiva cartofi și zdrobiți-i cu o furculiță până obțineți un piure. Se pune din nou in tocanita si se fierbe 1 minut, amestecand continuu. Acest lucru va îngroșa bulionul fără a fi nevoie de făină.

OUĂ DULCI

INGREDIENTE

8 ouă

Pâine prăjită

Sare si piper

ELABORARE

Pune ouăle într-o oală acoperită cu apă rece și sare. Se fierbe până când apa fierbe puțin. Se lasa la foc 3 min.

Scoateți oul și răciți în apă cu gheață. Rupeți cu grijă carcasa de sus ca o pălărie. Asezonați cu sare și piper și însoțiți de batoane prăjite.

TRUC

Este important în primul minut ca oul să se miște astfel încât gălbenușul să fie în centru.

CARTOFI LA IMPORTANȚĂ

INGREDIENTE

1 kg de cartofi

¾ l de stoc de pește

1 pahar mic de vin alb

1 lingura de faina

2 catei de usturoi

1 ceapă

Făină și ou (pentru acoperire)

Pătrunjel

Ulei de masline

ELABORARE

Curățați și tăiați cartofii în felii nu foarte groase. Făină și treci prin ou. Se prăjește și se rezervă.

În afară, braconați ceapa și usturoiul împărțit în bucăți mici. Se adauga si se prajeste lingura de faina si se scalda cu vinul. Se lasa sa se reduca pana este aproape uscat si umed cu fumet. Gatiti 15 minute la foc mic. Se condimenteaza cu sare si se adauga patrunjelul.

Adăugați cartofii în sos și gătiți până se înmoaie.

TRUC

Puteți adăuga câteva bucăți de monkfish sau merluciu și creveți.

OUĂ DE MOLI CU BOLETUS

INGREDIENTE

8 ouă

150 g de hribi deshidratati

50 g de unt

50 g de făină

1 dl vin dulce

2 catei de usturoi

Nucşoară

Oţet

Ulei

Sare si piper

ELABORARE

Hidratează hribii aproximativ 1 oră în 1 l de apă fierbinte. Între timp, fierbeţi ouăle în apă clocotită cu sare şi oţet timp de 5 minute. Scoateţi şi împrospătaţi imediat în apă rece cu gheaţă. Curăţaţi cu grijă.

Strecuraţi hribii şi rezervaţi apa. Tăiaţi usturoiul felii şi rumeniţi-le uşor în ulei. Adăugaţi boletus şi gătiţi 2 minute la foc mare. Se condimenteaza cu sare si piper si se scalda cu vinul dulce pana scade si sosul se usuca.

Topiţi untul cu făina într-o cratiţă. Se caleste la foc mic timp de 5 minute fara a opri amestecarea. Se toarnă apa de la hidratarea boletusului. Gatiti 15 minute la foc mic, amestecand continuu. Se condimentează şi se adaugă nucşoară.

Farfurie punand hribii pe baza, apoi ouale si garnisiti cu sosul deasupra.

TRUC

Oul de mollet trebuie lăsat cu albușul căpătat și gălbenușul lichid.

CARTOF ȘI BRAȚUL ALB

INGREDIENTE

1 kg de cartofi

600 g merlan dezosat, fără piele

4 linguri de sos de rosii

1 ceapă mare

2 catei de usturoi

1 frunză de dafin

Coniac

Ulei de masline

Sare si piper

ELABORARE

Curățați cartofii, tăiați-i în sferturi și fierbeți-i timp de 30 de minute în apă cu sare. Scurgeți-le și treceți-le prin moara alimentară. Întinde piureul pe folie transparentă și rezervă.

Tăiați mărunt ceapa și usturoiul. Se caleste la foc mediu 5 minute si se adauga frunza de dafin si merlanul tocat si asezonat. Se mai braconează 5 minute fără a opri amestecul, se umezește cu un strop de coniac și se lasă să se reducă. Adăugați sosul de roșii și gătiți încă un minut. Lasa sa se raceasca.

Distribuiti merlanul pe baza de cartofi, inveliti in forma de rulada si rezervati la frigider pana in momentul servirii.

TRUC

Se poate face cu orice pește proaspăt sau congelat. Insotiti cu sos roz sau cu alioli.

OMLETĂ DE UTILIZARE A COCIDO (HAINE VECHIE)

INGREDIENTE

125 g de coajă

100 g de gaina sau pui

60 g varză

60 g de bacon

1 lingurita boia

3 catei de usturoi

1 budincă neagră

1 cârnați

1 ceapă

2 linguri ulei de masline

Sare

ELABORARE

Tăiați ceapa și usturoiul în bucăți mici. Se calesc la foc mic timp de 10 minute. Tocați mărunt carnea fiartă și varza și adăugați-o la ceapă. Gatiti la foc mediu pana cand carnea devine maro aurie si prajita.

Bateți ouăle și adăugați-le la carne. Ajustați sarea.

Se incinge foarte bine o tigaie, se adauga uleiul si se inchega tortilla pe ambele parti.

TRUC

Insotiti cu un sos bun de rosii cu chimen.

CARTOFI UMPLUI CU SOMON Afumat, slanina si vinete

INGREDIENTE

4 cartofi medii

250 g bacon

150 g parmezan

200 g de somon afumat

½ l smantana

1 vinete

Ulei de masline

Sare si piper

ELABORARE

Spălați bine cartofii și gătiți-i cu coaja la foc mediu timp de 25 de minute sau până se înmoaie. Scurgeți, tăiați în jumătate și goliți, lăsând un strat ușor. Rezervați cartofii întregi și goliți-i.

Rumeniți slănina tăiată fâșii subțiri într-o tigaie încinsă. Scoateți și rezervați. Puneți vinetele, tăiate cubulețe mici, în același ulei timp de 15 minute sau până când se înmoaie.

Punem cartofii scursi de apa, vinetele calcate, baconul, somonul taiat fasii, parmezanul si smantana intr-o cratita. Gatiti 5 minute la foc mediu si asezonati cu sare si piper.

Umpleți cartofii cu amestecul anterior și gratinați la 180 ºC până se rumenesc.

TRUC

Puteți face niște vinete cu aceeași umplutură.

CROCHETE DE CARTOFI ȘI BRÂNZĂ

INGREDIENTE

500 g cartofi

150 g parmezan ras

50 g de unt

Făină, ou și pesmet (pentru acoperire)

2 galbenusuri de ou

Nucșoară

Sare si piper

ELABORARE

Se curata de coaja, se taie in sferturi si se calesc cartofii la foc mediu cu apa si sare timp de 30 min. Scurgeți și treceți prin moara alimentară. Adăugați untul, gălbenușurile, sarea, piperul, nucșoara și parmezanul cât sunt fierbinți. Lasa sa se raceasca.

Faceți bile ca niște crochete și treceți-le prin făină, ou bătut și pesmet. Se prajesc in ulei din abundenta pana se rumenesc.

TRUC

Înainte de acoperire puneți în centrul crochetei 1 linguriță de sos de roșii și o bucată de cârnați proaspăt fierți. Sunt delicioase.

Cartofi prăjiți buni

INGREDIENTE

1 kg de cartofi tardivi sau semitarzii (varietate acri sau monalisa)

1 litru de ulei de măsline

Sare

ELABORARE

Curățați și tăiați cartofii în bețișoare obișnuite. Spala-le in multa apa rece pana iese complet transparenta. se usucă bine

Încinge uleiul într-o tigaie la foc mediu, aproximativ 150 ° C. Cand incepe sa clocoteasca usor dar constant adaugati cartofii si braconati pana sunt foarte moi, avand grija sa nu ii rupi.

Se mărește căldura la maxim cu uleiul foarte încins și se adaugă în diferite reprize cartofii și se mută cu o lingură. Se prăjește până devine auriu și crocant. Scoateți, scurgeți excesul de ulei și sare.

TRUC

Ambele temperaturi ale uleiului sunt importante. Acest lucru le face foarte moi la interior și crocante la exterior. Se adauga sarea la sfarsit.

OUĂ FLORENTINE

INGREDIENTE

8 ouă

800 g spanac

150 g sunca curata

1 catel de usturoi

Sos bechamel (vezi secțiunea Ciouri și sosuri)

Sare

ELABORARE

Gatiti spanacul in apa clocotita cu sare timp de 5 minute. Reîmprospătați și stoarceți astfel încât să piardă toată apa. Tăiați mărunt și rezervați.

Se toaca usturoiul si se caleste 1 minut la foc mediu. Adaugati sunca taiata cubulete si gatiti inca 1 minut. Ridicați focul, adăugați spanacul și gătiți încă 5 min. Apoi împărțiți spanacul în 4 vase de lut.

Se toarnă 2 din ouăle sparte deasupra spanacului. Sosați cu sosul bechamel și coaceți 8 min la 170 ºC.

TRUC

Florentină se numește elaborările făcute cu spanac.

TOCANĂ DE CARTOF CU PESȘE ȘI CREVETI

INGREDIENTE

4 cartofi

300 g de monkfish curat, dezosat

250 g creveți curățați

½ l de supa de peste

1 pahar de vin alb

1 lingura de pulpa de ardei chorizo

1 lingurita boia

8 fire de șofran

3 felii de pâine prăjită

2 catei de usturoi

1 ceapă

Ulei de masline

Sare si piper

ELABORARE

Se caleste ceapa si usturoiul tocat marunt la foc mic timp de 10 minute. Se adauga feliile de paine si se rumenesc. Adăugați șofranul, boia de ardei și ardeiul chorizo. Se prăjește 2 min.

Puneți cartofii în cache și adăugați-i în sos. Se prăjește 3 min. Se adauga vinul si se lasa sa se reduca complet.

Se face baie cu bulion si se fierbe la foc mic pana cartofii sunt aproape gata. Adaugam siluta taiata bucatele si crevetii curatati. Condimentați și gătiți încă 2 minute. Lasam sa stea 5 min de pe foc.

TRUC

Cartofii cachelari înseamnă ruperea în bucăți uniforme fără a tăia complet. Acest lucru face bulionul mai gros.

Ouă în stil FLAMENCO

INGREDIENTE

8 ouă

200 g sos de rosii

1 conserve mică de ardei piquillo

4 linguri de mazăre fiartă

4 felii de sunca serrano

4 felii groase de chorizo

4 sparanghel la conserva

ELABORARE

Împărțiți sosul de roșii în 4 vase de lut. Puneti 2 oua sparte in fiecare, si distribuiti mazarea, chorizo-ul si sunca taiate bucatele si ardeii si sparanghelul taiate fasii in gramezi diferite.

Coaceți la 190 ° C până când ouăle se întăresc puțin.

TRUC

Se poate face cu botifarra și chiar cu cârnați proaspeți.

TORTILLA PAISANA

INGREDIENTE

6 ouă

3 cartofi mari

25 g de mazăre fiartă

25 g cârnați

25 g șuncă Serrano

1 ardei gras verde

1 ardei gras rosu

1 ceapă

Ulei de masline

Sare si piper

ELABORARE

Tăiați ceapa și ardeii în bucăți mici. Tăiați cartofii curățați în felii foarte subțiri. Se calesc cartofii cu ceapa si ardeii la foc mediu.

Se calesc chorizo și șunca tăiate cubulețe mici. Scurgeți cartofii cu ceapa și ardeiul. Se amestecă cu chorizo și șuncă. Adăugați mazărea.

Bate ouale, asezoneaza cu sare si piper si combina cu cartofii si restul ingredientelor. Se încălzește bine o tigaie medie, se adaugă amestecul anterior și se coagulează pe ambele părți.

TRUC

Este necesar să-l coagulăm puțin, deoarece cu căldura reziduală s-a terminat de făcut. Astfel va fi mai suculent.

OUĂ COPTE CU CÂRNAȚI ȘI MUȘTAR

INGREDIENTE

8 ouă

2 cârnați afumati germani

5 linguri de muștar

4 linguri de smântână

2 muraturi

Sare si piper

ELABORARE

Amestecați cornișii tăiați mărunt cu muștarul și smântâna.

Taiati carnatii subtiri in baza a 4 vase de lut. Se toarna deasupra sosul de mustar si apoi cate 2 oua sparte in fiecare. Sezon.

Se coace la 180 °C până când albușurile se coagulează.

TRUC

Adaugati in amestecul de mustar si smantana 2 linguri de parmezan ras si cateva crengute de cimbru proaspat.

OMLETTE DE CARTOF ÎN SOS

INGREDIENTE

7 ouă mari

800 g de cartofi de prăjit

1 dl vin alb

¼ litru de supă de pui

1 lingura patrunjel proaspat

1 lingurita boia

1 lingurita de faina

3 catei de usturoi

ulei de masline virgin

Sare

ELABORARE

Se toacă mărunt usturoiul și se prăjește la foc mediu timp de 3 minute fără să se rumenească excesiv. Adăugați făina și prăjiți 2 min. Adăugați boia și prăjiți timp de 5 secunde. Se umezește cu vinul și se lasă să se reducă complet. Se face baie cu bulion si se fierbe 10 minute la foc mic, amestecand din cand in cand. Se condimenteaza cu sare si se presara patrunjel.

Curata cartofii. Tăiați-le pe lungime în sferturi și acestea la rândul lor în felii subțiri. Se prăjește până se înmoaie și devine ușor auriu.

Bateți ouăle și asezonați cu sare. Scurgeți bine cartofii și adăugați-i în ouăle bătute. Ajustați sarea.

Se incinge o tigaie, se pun 3 linguri de ulei folosit la prajirea cartofilor si se adauga amestecul de oua si cartofi. Se amestecă timp de 15 secunde la foc mare. Întoarceți-l cu o farfurie. Reincalzeste tigaia si adauga inca 2 linguri de ulei de la prajit cartofii. Se adaugă tortilla și se rumenește la foc mare timp de 15 secunde. Se condimentează cu sare și se fierbe la foc mic timp de 5 minute.

TRUC

Puteti profita de bulionurile ramase de la tocanite sau preparate din orez pentru acest tip de reteta.

PURRUSALDA

INGREDIENTE

1 kg de cartofi

200 g cod desarat

100 ml vin alb

3 praz mediu

1 ceapă mare

ELABORARE

Fierbe codul in 1 l de apa rece timp de 5 min. Se scoate codul, se sfărâmă și se scot oasele. Rezervați apa de gătit.

Se taie ceapa si se caleste intr-o cratita la foc mic timp de aproximativ 20 de minute. Tăiați prazul în felii puțin groase și adăugați-le la ceapă. Braconați încă 10 minute.

Cachelar (ruiați, nu tăiați) cartofii și adăugați-i în tocană când prazul este braconat. Se calesc cartofii putin, se ridica focul si se uda cu vinul alb. Lasă-l să se reducă.

Se scalda tocanita cu apa de la gatirea codului, se condimenteaza cu sare (ar trebui sa fie putin fada) si se fierbe pana cartofii sunt moi. Adăugați codul și gătiți încă 1 minut. Se condimentează cu sare și se lasă să stea acoperit timp de 5 minute.

TRUC

Transformă această tocană într-o cremă. Este necesar doar să zdrobiți și să strecurați. Delicios.

CARTOFI LA CUPTOR

INGREDIENTE

500 g cartofi

1 pahar de vin alb

1 ceapă mică

1 ardei gras verde

Ulei de masline

Sare

ELABORARE

Curățați și tăiați cartofii în felii subțiri. Tăiați ceapa și ardeiul în fâșii julienne. Se pune pe o tava de copt. Se sare si se unge bine cu ulei. Amestecați astfel încât totul să fie bine impregnat și acoperiți cu folie de aluminiu.

Se prăjește la 160 °C timp de 1 oră. Scoateți, îndepărtați hârtia și faceți baie cu paharul de vin.

Coaceți neacoperit la 200 ºC pentru încă 15 minute.

TRUC

Puteți înlocui vinul cu ½ pahar de apă, ½ pahar de oțet și 2 linguri de zahăr.

CIUPERCI OMILETE

INGREDIENTE

8 ouă

500 g ciuperci, curatate si feliate

100 g de șuncă Serrano în cuburi

8 felii de pâine prăjită

2 catei de usturoi

Ulei de masline

ELABORARE

Tăiați usturoiul felii și rumeniți-le ușor împreună cu șunca tăiată fără ca acestea să capete culoare. Ridicați focul, adăugați ciupercile curățate și tăiate felii și căleți-le timp de 2 min.

Adăugați ouăle bătute, amestecând continuu, până se întăresc ușor și devin pufoase.

TRUC

Nu este necesar să adăugați sare, deoarece șunca Serrano o oferă.

OUĂ ÎN PLACĂ CU HAMSOI ŞI MĂSLINE

INGREDIENTE

8 ouă

500 g de roșii

40 g măsline negre fără sâmburi

12 hamsii

10 capere

3 catei de usturoi

1 ceapa primavara

Oregano

Zahăr

Ulei de masline

Sare

ELABORARE

Tocați mărunt usturoiul și ceapa. Se lasă la foc mic timp de 10 minute.

Curatam rosiile, curatam miezul si taiem cubulete mici. Adăugați la sosul de usturoi și ceapă. Se mărește focul și se fierbe până când roșia își pierde toată apa. Ajustați sarea și zahărul.

Împărțiți roșia în vase de lut. Se pun 2 oua sparte si se toarna deasupra restul ingredientelor tocate. Se coace la 180 °C până când albușurile se coagulează.

TRUC

Adăugarea de zahăr în rețetele care folosesc roșii înseamnă a echilibra aciditatea pe care o oferă.

CARTOFI ÎN CREMĂ CU SUNINĂ ȘI PARMEZAN

INGREDIENTE

1 kg de cartofi

250 g bacon

150 g parmezan

300 ml de smântână

3 cepe

Nucșoară

Ulei de masline

Sare si piper

ELABORARE

Amestecam smantana cu branza, sare, piper si nucsoara intr-un bol.

Curățați și tăiați cartofii și ceapa în felii subțiri. Braconați într-o tigaie până se înmoaie. Scurgeți și asezonați.

Separat se rumenește slănina tăiată fâșii și se adaugă în tigaia cu cartofii.

Pune cartofii într-o farfurie, acoperă cu amestecul de smântână și coace la 175ºC până se gratinează deasupra.

TRUC

Aceasta reteta poate fi preparata si fara a bracona cartofii. Tot ce trebuie să faceți este să le coaceți la 150ºC timp de 1 oră.

Ouă fierte

INGREDIENTE

8 ouă

Sare

ELABORARE

Fierbeți ouăle începând de la apă clocotită timp de 11 minute.

Reîmprospătați cu apă și gheață și curățați.

TRUC

Pentru a le ușura curățarea, adăugați multă sare în apa de gătit și curățați imediat după răcire.

CARTOFI RIDATI

INGREDIENTE

1 kg de cartofi mici

500 g sare grunjoasă

ELABORARE

Fierbeți cartofii în apă cu sare până se înmoaie. Acestea trebuie acoperite complet cu un deget suplimentar de apă. Scurgeți cartofii.

În aceeași oală (fără spălare), adăugați din nou cartofii și puneți-i la foc mic, amestecând cu grijă până se usucă. Acesta este momentul în care pe fiecare cartof se creează un strat mic de sare și coaja acestuia este încrețită.

TRUC

Sunt un acompaniament perfect pentru peștele sărat. Încearcă cu puțin pesto.

OUĂ PLACATE CU ciuperci, creveți și pasăre sălbatică

INGREDIENTE

8 ouă

300 g ciuperci proaspete

100 g de creveți

250 ml bulion de carne

2 linguri de Pedro Ximenez

1 lingurita de faina

1 buchet de sparanghel sălbatic

Ulei de masline

1 dl de otet

Sare si piper

ELABORARE

Poarți ouăle în multă apă clocotită cu sare și un strop de oțet. Opriți focul, acoperiți tigaia și așteptați 3 sau 4 minute. Albul trebuie să fie fiert, iar gălbenușul să curgă. Scoateți, scurgeți și asezonați.

Curățați sparanghelul și tăiați-l în jumătate pe lungime. Rumeniți-le într-o tigaie la foc iute, sare și rezervați. Se calesc crevetii curatati si asezonati in acelasi ulei la foc foarte mare timp de 30 de secunde. Retrage.

Rumeniți ciupercile feliate la foc mare în aceeași tigaie timp de 1 minut, adăugați făina și prăjiți încă un minut. Umeziți cu Pedro Ximénez până se reduce și se usucă. Se face baie cu bulionul sarat si se aduce la fierbere.

Se pun sparanghelul, creveții și ciupercile, iar deasupra se pun ouăle. Sos cu sosul Pedro Ximénez.

TRUC

Se fierbe bulionul cu 1 crenguță de rozmarin până când ajunge la jumătate din volum.

OLELETĂ DE CARTOF CU CHORIZO ȘI ARDEI VERDE

INGREDIENTE

6 ouă

120 g chorizo tocat

4 cartofi

2 ardei verzi italieni

2 catei de usturoi

1 ceapa primavara

Ulei de masline

Sare si piper

ELABORARE

Curățați, spălați și tăiați cartofii în cuburi medii. Spălați bine până când apa este limpede. Iulienați ceapa și ardeii.

Prăjiți cartofii în ulei încins din abundență și adăugați ardeii și ceapa primăvară până când legumele sunt aurii și fragede.

Scurgeți cartofii, ceapa primăvară și ardeii. Lăsați doar puțin ulei în tigaie pentru a rumeni chorizo-ul tocat. Se incorporeaza din nou cartofii cu ceapa primavara si ardeii. Adăugați ouăle sparte și amestecați până se întăresc ușor. Asezonați cu sare și piper.

TRUC

Puteți înlocui chorizo cu budincă neagră, chistorra și chiar cu botifarra.

SĂRACI CARTOFII

INGREDIENTE

1 kg de cartofi

3 catei de usturoi

1 ardei gras verde mic

1 ardei gras rosu mic

1 ceapă mică

Patrunjel proaspat

Ulei de masline

4 linguri de otet

Sare

ELABORARE

Zdrobiți usturoiul cu pătrunjelul, oțetul și 4 linguri de apă.

Curățați și tăiați cartofii ca pentru o omletă. Prăjiți-le în ulei încins din belșug și adăugați ceapa și ardeii tăiați fâșii fine julienne. Continuați să prăjiți până devine ușor auriu.

Scoateți și scurgeți cartofii, ceapa și ardeii. Adăugați piureul de usturoi și oțetul. Scoateți și sare.

TRUC

Este o garnitură perfectă pentru toate tipurile de carne, în special pentru grăsimi precum carnea de miel și porc.

MARELE DUCE OUĂ PLACATE

INGREDIENTE

8 ouă

125 g parmezan

30 g de unt

30 g de făină

½ litru de lapte

4 felii de pâine prăjită

Nucşoară

Oţet

Sare si piper

ELABORARE

Se face un sos bechamel prăjind făina în unt timp de 5 minute la foc mic, se adaugă laptele amestecând continuu şi se mai fierbe încă 5 minute. Se condimentează cu sare, piper şi nucşoară.

Poarți ouăle în multă apă clocotită cu sare şi un strop de oţet. Opriţi focul, acoperiţi tigaia şi aşteptaţi 3 sau 4 minute. Scoateţi şi scurgeţi.

Pune oul poşat pe pâinea prăjită şi stropim cu sosul bechamel. Se presara cu parmezan ras si se rumenesc la cuptor.

TRUC

Când apa clocotește, faceți vârtejuri cu o tijă și adăugați imediat oul. Se obține astfel o formă rotunjită și perfectă.

CARTOFI CU COSTE

INGREDIENTE

3 cartofi mari

1 kg de coaste de porc marinate

4 linguri sos de rosii

2 catei de usturoi

1 frunză de dafin

1 ardei gras verde

1 ardei gras rosu

1 ceapă

Ulei de masline

Sare

ELABORARE

Împărțiți și rumeniți coastele într-o oală foarte fierbinte. Scoateți și rezervați.

Se calesc ardeii, usturoiul si ceapa taiate bucati medii in acelasi ulei. Cand legumele sunt moi, adaugam sosul de rosii si adaugam iarasi coastele. Amestecați și acoperiți cu apă. Adăugați frunza de dafin și gătiți la foc mic până când se înmoaie aproape.

Apoi adăugați cartofii copți. Asezonați cu sare și continuați să gătiți până când cartofii sunt fragezi.

TRUC

Cachelați cartofii înseamnă să-i rupeți cu cuțitul fără a-i tăia efectiv complet. Acest lucru asigură că cartofii își eliberează amidonul și că bulionul este mai consistent și mai gros.

OUĂ PÂNITE

INGREDIENTE

8 ouă

70 g de unt

70 g de făină

Făină, ou și pesmet (pentru acoperire)

½ litru de lapte

Nucșoară

Ulei de masline

Sare si piper

ELABORARE

Se incinge o tigaie cu ulei de masline, se prajesc ouale, lasand galbenusul crud sau foarte putin facut. Scoateți, sărați și îndepărtați excesul de ulei.

Se face un bechamel prăjind făina în untul topit timp de 5 minute. Adăugați laptele, amestecând constant, și gătiți timp de 10 minute la foc mediu. Se condimentează și se condimentează cu nucșoară.

Acoperiți cu grijă ouăle cu bechamel pe toate părțile. Se lasa sa se raceasca la frigider.

Treceți ouăle prin făină, ou bătut și pesmet și prăjiți-le în ulei încins din belșug până se rumenesc.

TRUC

Cu cât ouăle sunt mai proaspete, cu atât se vor stropi mai puțin când sunt prăjite. Pentru a face acest lucru, scoateți-le din frigider cu 15 minute înainte de a le prăji.

CARTOFII ALUNE

INGREDIENTE

750 g cartofi

25 g de unt

1 lingurita patrunjel proaspat tocat

2 linguri ulei de masline

Sare si piper

ELABORARE

Curățați cartofii și faceți bile cu un pumn. Gătiți-le într-o oală din apă rece cu sare. Când fierb pentru prima dată, așteptați 30 de secunde și scurgeți.

Topiți untul cu uleiul într-o tigaie. Adăugați cartofii uscați și scurși de apă și fierbeți la foc mic-mediu până când cartofii sunt aurii și fragezi în interior. Se condimenteaza cu sare, piper si se adauga patrunjelul.

TRUC

De asemenea, se pot coace la cuptor la 175ºC, amestecând din când în când, până devin fragede și aurii.

OUĂ DE MOLI

INGREDIENTE

8 ouă

Sare

Oțet

ELABORARE

Fierbeți ouăle din apă clocotită cu sare și oțet timp de 5 minute. Scoateți și răciți imediat în apă rece cu gheață și curățați cu grijă.

TRUC

Pentru a curăța ușor ouăle fierte, adăugați multă sare în apă.

CARTOFII STILUL RIOJANA

INGREDIENTE

2 cartofi mari

1 lingurita de pulpa de piper chorizo sau ñora

2 catei de usturoi

1 chorizo asturian

1 ardei gras verde

1 frunză de dafin

1 ceapă

Ardei

4 linguri ulei de masline

Sare

ELABORARE

Se caleste usturoiul tocat in ulei timp de 2 minute. Adăugați ceapa și ardeiul tăiate fâșii julienne și prăjiți 25 de minute la foc mediu-mic (ar trebui să aibă aceeași culoare ca și când ar fi caramelizat). Adăugați lingurița de piper chorizo.

Adăugați chorizo tocat și prăjiți încă 5 min. Adaugati cartofii cachelada si gatiti inca 10 minute, amestecand continuu. Asezonați cu sare.

Adăugați boia și acoperiți cu apă. Gatiti impreuna cu dafinul la foc foarte mic pana cartofii sunt gata.

TRUC

Se poate face o crema cu ce a ramas. Este un aperitiv uimitor.

CARTOFI CU SEPII

INGREDIENTE

3 cartofi mari

1 kg de sepie curată

3 catei de usturoi

1 conserve de mazăre

1 ceapă mare

Depozit de peste

Patrunjel proaspat

Ulei de masline

Sare

ELABORARE

Tăiați ceapa, usturoiul și pătrunjelul în bucăți mici. Se caleste totul intr-o cratita la foc mediu.

Odată ce legumele sunt braconate, ridicați focul la maxim și căliți sepia tăiată în bucăți medii timp de 5 minute. Se acoperă cu supă de pește (sau cu apă rece) și se fierbe până când sepia este fragedă. Se condimenteaza cu sare si se adauga cartofii curatati si cachelada si mazarea.

Se reduce focul și se fierbe până când cartofii sunt gata. Se condimentează cu sare și se servește fierbinte.

TRUC

Este foarte important să soțiți sepia la foc foarte mare, altfel va fi tare și nu foarte suculent.

OMLETTE DE CREVETI CU USSturoi

INGREDIENTE

8 ouă

350 g creveți curățați

4 catei de usturoi

1 cayenne

Ulei de masline

Sare

ELABORARE

Tăiați usturoiul în felii și rumeniți-le ușor împreună cu ardeiul cayenne. Adăugați creveții, sare și luați de pe foc. Scurgeți creveții, usturoiul și ardeiul cayenne.

Încinge bine tigaia cu uleiul de usturoi. Bateți și asezonați ouăle. Adăugați creveții și usturoiul și coagulați ușor rulându-l pe el însuși.

TRUC

Pentru a preveni lipirea tortilla de tigaie, încălziți-o bine înainte de a adăuga uleiul.

CARTOFI CU COD

INGREDIENTE

1 kg de cartofi

500 g cod desarat

1 l de stoc

2 catei de usturoi

1 ardei gras verde

1 ardei gras rosu

1 ceapă

patrunjel proaspat tocat

Ulei de masline

Sare

ELABORARE

Tăiați mărunt ceapa, usturoiul și ardeii. Se calesc legumele la foc mic timp de 15 minute.

Adăugați cartofii cacheladas (spărțiți, nu tăiați) și prăjiți încă 5 minute.

Se face baie cu fumet până la punctul de sare și se fierbe până când cartofii sunt aproape gata. Se adauga apoi codul si patrunjelul si se fierbe 5 min. Se condimentează cu sare și se servește fierbinte.

TRUC

Puteți adăuga 1 pahar de vin alb și câțiva ardei cayenne înainte de fumet.

PIURE DE CARTOFI

INGREDIENTE

400 g cartofi

100 g de unt

200 ml lapte

1 frunză de dafin

Nucşoară

Sare si piper

ELABORARE

Gatiti cartofii spalati si taiati cu dafinul la foc mediu pana se inmoaie. Scurgeți cartofii și treceți-i printr-un zdrobitor.

Se fierbe laptele cu untul, nucsoara, sare si piper.

Se toarnă laptele peste cartofi și se bate cu o tijă. Dacă este necesar, remediați ceea ce lipsește.

TRUC

Se adauga 100 g parmezan ras si se bate cu telul. Rezultatul este delicios.

TORTILLA DE FASOLE CU MORCILĂ

INGREDIENTE

8 ouă

400 g fasole lată

150 g cârnați

1 catel de usturoi

1 ceapă

Ulei de masline

Sare

ELABORARE

Gatiti fasolea in apa clocotita cu putina sare pana se inmoaie. Se strecoară și se împrospătează cu apă rece și gheață.

Tăiați mărunt ceapa și usturoiul. Se caleste la foc mic timp de 10 minute impreuna cu budinca neagra, avand grija sa nu o rupi. Adăugați fasolea și gătiți încă 2 minute.

Bate ouăle și sarea. Se adauga fasolea si se coagul intr-o tigaie foarte incinsa.

TRUC

Pentru a face un fel de mâncare și mai spectaculos, îndepărtați pielea de pe fiecare dintre fasole imediat după răcire. Va fi o textură mai fină.

Omletă

INGREDIENTE

8 ouă

100 g varza de usturoi

8 felii de pâine prăjită

8 sparanghel sălbatic

2 catei de usturoi

Ulei de masline

Sare si piper

ELABORARE

Tăiați mărunt muguri de usturoi și sparanghelul decojit. Tăiați usturoiul în felii și rumeniți-le ușor împreună cu mugurii de usturoi și sparanghelul. Sezon.

Adăugați ouăle bătute, amestecând continuu până se întăresc puțin. Servește ouăle omletă pe felii de pâine prăjită

TRUC

Ouăle se pot face și într-un bol la bain-marie la foc mediu, amestecând continuu. Vor avea o textura cremoasa.

CARTOFI FĂCĂTI CU NUSCALE

INGREDIENTE

6 cartofi mari

500 g de chanterelles

1 lingurita rasa de boia dulce

1 catel de usturoi

1 ceapă

½ ardei gras verde

½ ardei gras rosu

boia picant

Supa de vita (doar cat sa se acopere)

ELABORARE

Prăjiți legumele în bucăți mici la foc mic timp de 30 de minute. Adăugați cartofii cachelada (spărțiți, nu tăiați) și prăjiți timp de 5 minute. Adaugam cantarilele curate taiate in sferturi si fara tulpina.

Se caleste 3 minute si se adauga boia dulce si un praf de ardei iute. Se acopera cu bulion si se condimenteaza cu sare (ar trebui sa fie usor fada). Gatiti la foc mic si ajustati sarea.

TRUC

Scoateți câțiva cartofi fierți cu puțin bulion, pasați și adăugați înapoi în tocană, astfel încât sosul să se îngroașe.

OMLETĂ BOLETUS ȘI CAVETI

INGREDIENTE

8 ouă

400 g de hribi curați

150 g creveți

3 catei de usturoi

2 linguri ulei de masline

Sare si piper

ELABORARE

Tăiați mărunt usturoiul și rumeniți-l puțin într-o tigaie la foc mediu.

Taiati boletusul, ridicam focul si adaugam in tigaia cu usturoi. Gatiti 3 min. Adaugati crevetii curatati si asezonati si braconati inca 1 minut.

Bateți și sărați ouăle. Adăugați hribii și creveții. Încinge foarte bine o tigaie cu 2 linguri de ulei și coagul tortilla pe ambele părți.

TRUC

Când toate ingredientele sunt combinate, adăugați un strop de ulei de trufe. un deliciu

OUĂ GRATATE

INGREDIENTE

8 ouă

125 g parmezan

8 felii de șuncă Serrano

8 felii de pâine prăjită

Sos bechamel (vezi secțiunea Ciouri și sosuri)

Oțet

Sare si piper

ELABORARE

Poarți ouăle în multă apă clocotită cu sare și un strop de oțet. Opriți focul, acoperiți tigaia și așteptați 3 sau 4 minute. Scoateți și împrospătați cu apă și gheață. Scoatem cu o lingura cu fanta si asezam-o pe hartie de bucatarie.

Împărțiți șunca Serrano în 4 cratițe. Se pun ouale deasupra, se toarna sosul bechamel si se presara cu parmezan ras. Prăjiți până când brânza se rumenește.

TRUC

Se poate face cu bacon afumat si chiar cu sobrassada.

OMLETTA DE DOVLECEI SI ROSII

INGREDIENTE

8 ouă

2 rosii

1 dovlecel

1 ceapă

Ulei de masline

Sare

ELABORARE

Tăiați ceapa fâșii subțiri și prăjiți la foc mic timp de 10 minute.

Tăiați dovleceii și roșiile în felii și rumeniți-le într-o tigaie foarte fierbinte. Odată aurii, tăiați dovleceii și roșiile în fâșii subțiri. Se adauga ceapa si se condimenteaza cu sare.

Bateți ouăle și adăugați-le în legume. Ajustați sarea. Se incinge bine o tigaie si se coaguleaza tortilla in contact cu toata suprafata tigaii si apoi se ruleaza pe ea insasi.

TRUC

Încercați să o faceți cu vinete tăiate cubulețe și sos bechamel în lateral.

CARTOFI REVOLCONAS CU TORREZNOS

INGREDIENTE

400 g cartofi

1 lingura boia de ardei

2 felii de bacon marinat pentru torreznos

2 catei de usturoi

cayenne măcinate

Ulei de masline

Sare

ELABORARE

Curățați și gătiți cartofii într-o cratiță până sunt foarte moi. Rezervați apa de gătit.

Între timp, prăjiți carnea de slănină tăiată cubulețe la foc mic timp de 10 minute sau până devine crocantă. Îndepărtați torreznos.

Se caleste usturoiul taiat bucatele mici in aceeasi grasime. Prăjiți și boia și adăugați-o imediat în oala cu cartofi. Puneti putina sare si un varf de cayenne macinate.

Zdrobiți cu câteva tije și faceți baie cu puțin din bulionul de la gătirea cartofilor dacă este necesar.

TRUC

Gătiți întotdeauna cartofii cu apă rece, prevenind astfel să devină tari sau să dureze mai mult să se înmoaie.

OMLETTA DE CIUPERCI SI PARMEZAN

INGREDIENTE

8 ouă

300 g ciuperci feliate

150 g parmezan ras

4 catei de usturoi

1 cayenne

Ulei de masline

Sare

ELABORARE

Tăiați usturoiul în felii și rumeniți-le ușor împreună cu ardeiul cayenne. Adaugam ciupercile la foc iute, sare si calim 2 min. Scoateți de pe foc. Scurgeți ciupercile, usturoiul și ardeiul cayenne.

Încinge bine tigaia cu uleiul de usturoi. Batem si condimentam ouale, adaugam ciupercile, parmezanul ras si usturoiul. Închegați ușor tortilla, rulând-o pe ea însăși.

TRUC

Insotiti cu un sos bun de rosii asezonat cu chimen.

CARTOFI SOUFFLÉ

INGREDIENTE

1 kg de cartofi de aceeași dimensiune

2 litri de ulei de măsline

Sare

ELABORARE

Curățați și pătrați cartofii într-o formă dreptunghiulară. Tăiați cartofii cu o mandolină, păstrând o grosime de aproximativ 4 mm. Așezați-le pe hârtie de bucătărie (nu le puneți în apă) și uscați-le bine.

Se încălzește uleiul într-o cratiță la o temperatură de aproximativ 150ºC (lăsați să înceapă să clocotească constant). Adăugați cartofii în câteva reprize și amestecați cu grijă tigaia cu mișcări circulare. Braconați timp de 12 minute sau până când încep să se ridice la suprafață. Scoateți și rezervați pe hârtie absorbantă.

Ridicati focul la maxim pana incepe sa fumeze usor si adaugati din nou cartofii in loturi, amestecand cu o lingura. În acest moment se vor umfla. Se sare si se serveste.

TRUC

Se pot face cu o zi înainte; este necesar doar să le rezervi la frigiderul pus pe hârtie de bucătărie. Când urmează să mănânce, dați ultima prăjire în ulei foarte încins ca să se umfle și să fie crocante. Sare la final. Este foarte important ca cartofii să fie de un soi uscat, cum ar fi acrișor. Functioneaza perfect.

OMLETĂ

INGREDIENTE

7 ouă mari

800 g de cartofi de prăjit

ulei de masline virgin

Sare

ELABORARE

Curata cartofii. Tăiați-le pe lungime în sferturi și acestea la rândul lor în felii subțiri. Încinge uleiul la temperatură medie. Adăugați cartofii și prăjiți până se înmoaie și devin ușor aurii.

Bate ouăle și sarea. Scurgeți bine cartofii și adăugați-i în ouăle bătute. Ajustați sarea.

Se incinge foarte bine o tigaie, se adauga 3 linguri de ulei de la prajirea cartofilor si se adauga amestecul de oua si cartofi. Se amestecă 15 secunde la foc iute și se răstoarnă cu o farfurie. Reincalzim tigaia si adaugam 2 linguri de ulei de la prajit cartofii. Se adaugă tortilla și se rumenește la foc mare timp de 15 secunde. Scoateți și serviți.

TRUC

Pentru a preveni lipirea tortilla, încălziți bine tigaia înainte de a adăuga uleiul. Daca preferati bine coagulat, odata rasturnat si usor rumenit, scadeti focul si continuati sa gatiti pana este pe placul nostru.

DUCESA CARTOFII

INGREDIENTE

500 g cartofi

60 g de unt

3 ouă

Nucşoară

2 linguri ulei de masline

Sare si piper

ELABORARE

Cartofii se curata, se taie in sferturi si se fierb 30 de minute in apa cu sare. Scurgeți și treceți prin moara alimentară.

Adăugați sare, piper, nucșoară, unt și 2 gălbenușuri de ou cât sunt fierbinți. Amesteca bine.

Cu 2 linguri unse cu ulei, se face movile de cartofi pe o farfurie acoperita cu hartie de copt. Ungeți cu celălalt ou bătut și coaceți la 180ºC până se rumenesc.

TRUC

Ideal este sa pui piureul intr-o punga de patiserie cu duza ondulata.

OREZ STIL CUBA

INGREDIENTE

Orez pilaf (vezi secțiunea Orez și paste)

4 ouă

4 banane

Sos de roșii (vezi secțiunea Ciouri și sosuri)

Făină

Ulei de masline

ELABORARE

Pregătiți un pilaf de orez și sos de roșii.

Prăjiți ouăle în ulei încins din belșug, lăsând gălbenușul ușor închegat.

Făină pătlaginele și prăjește-le până devin ușor aurii.

Se pune orezul, sosul cu sosul de rosii si se insoteste cu oul prajit si banana.

TRUC

Patlagina prăjită poate fi intrigantă, dar încercarea acesteia face parte din rețeta originală.

OREZ BRUT CU VOCICI, MIDII SI CREVETI

INGREDIENTE

800 g de orez

250 g scoici

250 g midii curate cu coaja lor

100 g creveți curățați

2 l supa de peste

1 lingura de pulpa de ardei chorizo

2 catei de usturoi

1 ceapă

1 roșie rasă

Ulei de masline

Sare

ELABORARE

Curățați scoicile într-un castron cu apă rece și 4 linguri de sare.

Tăiați ceapa și cățeii de usturoi în bucăți mici și căleți-i la foc mic timp de 15 minute.

Adăugați roșia rasă și ardeiul chorizo și continuați să prăjiți până când roșia își pierde apa.

Adăugați și prăjiți orezul timp de 3 minute. Se face baie cu fumet până la punctul de sare și se fierbe la foc mediu aproximativ 18 minute sau până când orezul este gata.

Adăugați scoici, scoici și creveți în ultimele 3 minute.

TRUC

A epura înseamnă a scufunda în apă rece sărată; astfel scoicile sau alte bivalve vor expulza tot nisipul și murdăria pe care le aveau.

OREZ CANTONEZ CU PUI

INGREDIENTE

200 g orez lung

50 g de mazăre fiartă

150 ml sos de rosii

½ dl sos de soia

2 piept de pui

2 felii de ananas in sirop

1 ardei gras verde mare

1 ceapă mare de primăvară

Ulei de masline

Sare si piper

ELABORARE

Gatiti orezul in multa apa clocotita cu sare timp de 14 minute. Scurgeți și răciți.

Tăiați ardeiul și ceapa primăvară în bucăți mici și căleți la foc mic timp de 10 minute. Ridicați focul și adăugați puiul condimentat tăiat fâșii.

Se rumenesc putin si se adauga orezul, soia, mazarea si ananasul. Se lasa sa reduca la foc mic pana se usuca.

Adaugă roșia, ridică focul și călește până când orezul este gata.

TRUC

Orezul trebuie prajit in ultimele 2 minute cand soia este complet redusa. Puteți adăuga niște creveți fierți sau creveți.

Orez în crusta

INGREDIENTE

500 g de orez

1 ¼ l supă de pui sau de vită

1 cârnați

1 cârnați

1 budincă neagră

1 iepure

1 pui mic

1 rosie

10 ouă

Șofran sau colorant

Ulei de masline

Sare si piper

ELABORARE

Preîncălziți cuptorul la 220ºC. Tăiați chorizo-ul, cârnații și cârnații în bucăți mici și rumeniți-le într-o tigaie pentru paella la foc mare. Scoateți și rezervați.

Se calesc iepurele si puiul tocate in acelasi ulei. Se condimentează și se adaugă roșia rasă. Gatiti pana nu mai ramane apa.

Adăugați cârnații și orezul și gătiți timp de 2 minute.

Se umezește cu bulionul sărat, se adaugă șofranul sau vopseaua și se fierbe timp de 7 minute la foc mediu-mare. Adăugați ouăle și coaceți timp de 13 minute.

TRUC

Pentru ca ouăle să crească mult mai mult la cuptor, se bat ușor fără sare.

OREZ CATALAN

INGREDIENTE

500 g de orez

500 g de roșii

150 g cârnați proaspeți

150 g carne tocata mixta

100 g ceapa tocata

1 litru de bulion de carne

1 ½ linguriță boia

1 lingurita patrunjel proaspat

1 lingurita de faina

½ lingură de făină

3 catei de usturoi

2 foi de dafin

1 ou

10 fire de șofran

Zahăr

1 lingura de unt

Ulei de masline

Sare si piper

ELABORARE

Combinați carnea tocată, pătrunjelul, 1 cățel de usturoi tocat mărunt, oul, sare și piper. Frământați totul și faceți bile. Se rumenesc în ulei, se scot și se rezervă.

Se caleste untul in acelasi ulei la foc mic. Adăugați făina și ½ linguriță de boia și continuați să prăjiți încă 1 minut. Adăugați roșiile tăiate sferturi și 1 frunză de dafin. Acoperiți și gătiți timp de 30 de minute, amestecați, strecurați și rectificați de sare și zahăr dacă este necesar.

Gatiti carnatii taiati bucatele si chiftelele timp de 5 min in sosul de rosii.

Separat, se prajesc ceilalti 2 catei de usturoi si ceapa tocata marunt, se adauga orezul, 1 lingurita de boia de ardei, cealalta frunza de dafin si se amesteca 2 minute. Adăugați șofranul și bulionul clocotit până la punctul de sare și gătiți timp de 18 minute sau până când orezul este gata.

TRUC

Puteți adăuga și cârnați la acest fel de mâncare de orez.

OREZ BRUTAT CU FASOLE ALB ȘI BLUG

INGREDIENTE

300 g de orez

250 g fasole albă

450 g chart

½ litru de bulion de pui

2 catei de usturoi

1 roșie rasă

1 ceapă

1 lingurita boia

10 fire de șofran

Ulei de masline

Sare

ELABORARE

Lăsați fasolea la înmuiat cu o seară înainte. Gatiti in apa rece fara sare pana se inmoaie. Rezervă.

Curatati si taiati frunzele de smog in bucati medii. Curățați, curățați și tăiați frunzele în bucăți mici. Gatiti in apa clocotita cu sare timp de 5 minute sau pana se inmoaie. Reîmprospăta.

Tăiați ceapa și usturoiul în bucăți mici. Se calesc intr-o cratita la foc mic. Adăugați boia și șofranul. Gatiti 30 sec. Adăugați roșia, ridicați focul și gătiți până când roșia își pierde toată apa.

Adăugați orezul și gătiți încă 2 minute. Adăugați în bulionul de pui, 250 ml de apă de la gătirea fasolei și încă 250 ml de apă de la gătirea majului. Se condimentează cu sare și se adaugă la orez. Se fierbe 15 minute, se adaugă mătgul și fasolea și se mai fierbe încă 3 minute.

TRUC

La sfârșitul gătitului, amestecați ușor orezul pentru a-și elibera amidonul și a îngroșa bulionul.

OREZ CU TON PROASPUT

INGREDIENTE

200 g de orez

250 g ton proaspăt

1 lingurita boia dulce

½ l de supa de peste

4 roșii rase

3 ardei piquillo

1 ardei gras verde

2 catei de usturoi

1 ceapă

10 fire de șofran

Sare

ELABORARE

Rumeniți tonul tăiat cubulețe la foc mare într-o tigaie pentru paella. Scoateți și rezervați.

Tăiați ceapa, ardeiul verde și usturoiul în bucăți mici. Se caleste la foc mic in acelasi ulei cu tonul timp de 15 minute.

Se adauga sofranul, boia de ardei, ardeii piquillo taiati bucati medii si rosiile rase. Gatiti pana rosia isi pierde toata apa.

Apoi adăugați orezul și gătiți încă 3 minute. Se face baie cu bulionul sarat si se fierbe 18 min. Cu aproximativ 1 minut înainte ca orezul să fie gata, adăugați din nou tonul. Se lasa sa stea 4 min.

TRUC

Trebuie să fii atent când gătești tonul. Daca se face in exces va fi foarte uscat si fara nicio aroma.

OREZ CU PUI, SLANCA, MIGDALE SI STAFIDE

INGREDIENTE

300 g de orez

175 g bacon

150 g migdale granulate prăjite

75 g stafide

700 ml supa de pui

1 piept de pui

10 fire de şofran

1 ardei gras verde

1 ardei gras rosu

1 catel de usturoi

1 roşie rasă

1 ceapa primavara

Ulei de masline

Sare si piper

ELABORARE

Tăiați pieptul în bucăți medii, asezonați cu sare şi piper şi rumeniți la foc mare. Scoateți şi rezervați. In acelasi ulei se rumeneste baconul taiat cubulete. Scoateți şi rezervați.

Tăiați toate legumele în bucăți mici, mai puțin roșia. Se calesc la foc mic timp de 15 minute. Adăugați șofranul și boia. Se prăjește 30 sec. Adăugați roșia rasă și gătiți la foc mare până se evaporă toată apa.

Se adauga orezul si se caleste timp de 3 minute, amestecand continuu. Adăugați puiul, stafidele și baconul. Se face baie cu bulionul sarat si se fierbe 18 min. Lasam sa stea 4 min si servim cu migdalele deasupra.

TRUC

Pentru ca stafidele să fie mai fragede, este indicat să le hidratați în apă sau puțin rom.

OREZ CU COD SI FASOLE ALBA

INGREDIENTE

200 g de orez

250 g cod desarat

125 g fasole albă, fiartă

½ l de supa de peste

1 ceapa primavara

1 catel de usturoi

1 roșie rasă

1 ardei gras verde

10 fire de șofran

Ulei de masline

Sare

ELABORARE

Tăiați ceapa, usturoiul și ardeiul în bucăți mici și prăjiți la foc mic timp de 15 minute. Adăugați șofranul și roșia rasă și gătiți până când aproape că nu mai rămâne apă în roșii.

Adăugați orezul și gătiți 3 min. Adăugați bulionul până la punctul de sare și gătiți aproximativ 16 minute. Adăugați codul și fasolea. Mai fierbeți încă 2 minute și lăsați să stea 4 minute.

TRUC

Se poate pune la cuptor la primul clocot pentru ca orezul sa fie complet uscat. 18 minute la 200 ºC sunt suficiente.

OREZ CU HOMUS

INGREDIENTE

250 g de orez

150 g scoici

¾ l de bulion de pește (vezi secțiunea Ciouri și sosuri)

1 homar mare

1 lingura patrunjel tocat

2 rosii ras

1 ceapă

1 catel de usturoi

10 fire de șofran

Ulei de masline

Sare

ELABORARE

Tăiați homarul în jumătate. Scoicile se curata in apa rece cu multa sare timp de 2 ore.

Rumeniți homarul pe ambele părți în puțin ulei. Rezervați și adăugați ceapa și usturoiul tăiate în bucăți mici în același ulei. Se calesc 10 minute la foc mic.

Se adauga sofranul, se fierbe 30 de secunde, se ridica focul si se adauga rosiile. Gatiti pana rosia isi pierde toata apa.

Adăugați orezul și gătiți 2 min. Se face baie cu bulionul clocotit până la sare și se mai fierbe încă 14 min. Adăugați scoicile și carnea de homar cu partea în jos. Se lasa acoperit 4 min.

TRUC

Pentru ca acest orez sa iasa dulce, trebuie sa pui triplu bulion decat orezul. Și dacă vrei să iasă ciorbă, trebuie să adaugi de patru ori mai mult bulion decât orezul.

Orezul grecesc

INGREDIENTE

600 g de orez

250 g cârnați proaspeți

100 g slănină în bucăți mici

100 g de ardei roșu

100 g ceapa

50 g mazăre

1 litru de bulion de carne

1 frunză de dafin

1 crenguță de cimbru

Sare si piper

ELABORARE

Tăiați ceapa și ardeiul roșu în bucăți mici și căleți-le la foc mediu.

Tăiați cârnații bucăți și adăugați-i la ceapa și ardeiul prăjit. Se adauga baconul si se fierbe 10 min.

Se incorporeaza orezul si se adauga bulionul pana la sare, mazarea si ierburile. Se condimentează cu sare și piper și se continuă fierberea la foc mic pentru încă 15 minute.

TRUC

Se pot folosi ardei Piquillo; Vor da o notă perfectă de dulceață.

OREZ PÂNIT

INGREDIENTE

600 g de orez

500 g de roșii

250 g de ciuperci curățate

150 g de unt

90 g ceapa

75 g parmezan ras

1 l și ¼ bulion de carne

12 fire de șofran

Sare

ELABORARE

Se caleste ceapa taiata cubulete in unt timp de 10 minute la foc mic. Adăugați roșiile în bucăți mici și prăjiți încă 10 minute sau până când roșiile pierd toată apa.

Se adauga orezul si se prajeste 2 min. Se adauga apoi ciupercile despicate si sofranul.

Adăugați bulionul clocotit până la punctul de sare și gătiți aproximativ 18 minute sau până când orezul este moale. Adăugați brânza și amestecați.

TRUC

Dacă șofranul este prăjit ușor în folie de aluminiu și pulverizat într-un mojar cu sare, șofranul se va întinde uniform.

OREZ BROT DE FRUCCE DE MARE

INGREDIENTE

500 g de orez bomba sau rotund

1 ½ l supa de peste

1 ceapă

1 ardei gras rosu

1 ardei gras verde

1 roșie mare rasă

2 catei de usturoi

8 fire de șofran

8 pui de calmar

Fructe de mare variate (scampi, creveți etc.)

Ulei de masline

Sare

ELABORARE

Pregătiți un supă de pește cu oase, capete de pește și crustacee. Pentru a face acest lucru, gătiți totul timp de 25 de minute la foc mic, cu suficientă apă pentru a le acoperi în timpul gătirii. Se strecoară și se condimentează cu sare.

Intre timp se taie ceapa, ardeii si usturoiul si se calesc in putin ulei. Adăugați calmarul tocat și gătiți la foc mare timp de 2 minute. Adăugați roșia rasă și gătiți până își pierde apa.

Adăugați orezul și prăjiți-l. Adăugați șofranul, fumet-ul până la punctul de sare și fierbeți la foc mediu timp de 18 min.

Adaugam in ultimele 2 minute crustaceele, bine curatate si trecute inainte, daca se doreste, pe langa gratar. Se lasa sa se odihneasca 5 min.

TRUC

Dacă în fumet se adaugă câteva ñoras, bulionul va avea mai multă aromă și o culoare frumoasă.

OREZ TREI DELICATE

INGREDIENTE

400 g de orez

150 g de sunca fiarta

150 g mazăre

3 morcovi

3 ouă

Ulei de masline

Sare

ELABORARE

Se caleste orezul in putin ulei si apoi se caleste in apa clocotita cu sare.

Intre timp, curatati morcovii de coaja, taiati-i bucatele mici si caliti la foc iute. Fierbeți mazărea timp de 12 minute în apă clocotită cu sare. Se strecoară și se răcește.

Faceți o omletă franțuzească cu cele 3 ouă. Taiati sunca fiarta cubulete si amestecati-o cu orezul. Se calesc 5 minute la foc mic. Adaugam morcovul, mazarea si tortilla taiata fasii subtiri.

TRUC

Pentru această rețetă folosiți orez lung mai bun. Trebuie să-l gătiți cu cantitatea potrivită de apă.

OREZ NETED CU PARCINI

INGREDIENTE

500 g de orez bomba

2 potârnichi

1 ceapă

1 ardei gras rosu

1 ardei gras verde

1 morcov

2 catei de usturoi

2 linguri de roșii prăjite

1 frunză de dafin

Cimbru

Coniac

Ulei de masline

Sare si piper

ELABORARE

Tăiați și asezonați potârnichile. Rumeniți-le într-o cratiță la foc mare. Scoateți și rezervați. Se calesc ardeii, ceapa, usturoiul si morcovul in acelasi ulei, toate tocate marunt.

Adăugați roșia prăjită și coniacul și lăsați să se reducă. Se adauga apoi cimbrul, dafinul si potârnichile. Se acoperă cu apă și un praf de sare și se fierbe la foc mic până când potârnichile sunt fragede.

Când potârnichile sunt fragede, scoateți-le din bulion și lăsați doar 1 litru și jumătate din bulionul de gătit în aceeași oală.

Se pune bulionul pana la sare si se adauga orezul si iarasi potârnichile. Gatiti aproximativ 18 minute si amestecati usor orezul la sfarsit pentru a-l face moale.

TRUC

Această rețetă se poate face peste noapte. Va fi necesar doar să adăugați orezul.

RISOTT DE SOMON SI SPARANGEL SALBATIC

INGREDIENTE

240 g de orez arboricol

150 g parmezan

600 cl bulion de carne

1 pahar de vin alb

2 linguri de unt

4 sparanghel salbatic

1 ceapă

4 felii de somon afumat

ELABORARE

Se caleste ceapa tocata in 1 lingura de unt timp de 10 minute la foc mic. Adăugați orezul și gătiți încă 1 minut. Se adauga vinul si se lasa sa se evapore complet.

Intre timp, taiati sparanghelul in felii mici si sotiti. rezervă

Se fierbe bulionul până la sare și se adaugă la orez (ar trebui să fie cu un deget deasupra orezului). Gatiti la foc mic fara a opri amestecul si adaugati mai mult bulion pe masura ce lichidul se evapora.

Când orezul este aproape gata (se lasă mereu puțin ciorbă), se adaugă sparanghelul sotat și somonul afumat în fâșii.

Terminați cu parmezan, cealaltă lingură de unt și amestecați. Lasati sa se odihneasca 5 minute inainte de servire.

TRUC

Vinul poate fi și roșu, rosé sau cava. Orezul poate fi preparat din timp. Pentru a face acest lucru, este necesar doar să gătiți orezul timp de 10 minute, să îl congelați până se răcește și să îl păstrați la frigider. Când vrei să-l prepari, trebuie doar să torni bulionul fierbinte și să aștepți ca orezul să fie gata.

OREZ CU PEȘTE, NĂUT ȘI SPANAC

INGREDIENTE

300 g de orez

250 g de năut fiert

250 g spanac proaspăt

450 g de moc bucăți

750 ml supa de peste

10 fire de șofran

2 catei de usturoi

1 ceapa primavara

1 roșie rasă

1 lingurita boia

Ulei de masline

Sare si piper

ELABORARE

Se condimentează și se rumenește-o într-o tigaie pentru paella fierbinte. Rezervă.

Tăiați mărunt ceapa și usturoiul. Se caleste la foc mic timp de 10 minute in aceeasi tigaie pentru paella in care s-a fiert mocheta. Adăugați spanacul împărțit și gătiți încă 3 minute.

Adăugați boia de ardei și șofran și gătiți timp de 30 de secunde. Adăugați roșia rasă și gătiți până își pierde toată apa.

Se adauga orezul si se prajeste 2 min. Se face baie cu bulionul sarat si se fierbe 15 min. Adăugați șumul și năutul și mai gătiți încă 3 minute.

TRUC

Restul din orez este esențial. Trebuie să lăsați cel puțin 4 minute înainte de a le servi.

OREZ SAU CALDEIRO

INGREDIENTE

200 g de orez

150 g carne de porc slaba

150 g coaste de porc

¼ de iepure

¼ l supă de vită sau pui

10 fire de șofran

2 rosii ras

2 catei de usturoi

1 ardei gras rosu mic

1 ceapă

Ulei de masline

Sare si piper

ELABORARE

Se condimenteaza si se rumenesc la foc iute carnea de porc, iepurele si coastele tocate. Scoateți și rezervați.

În același ulei, căliți ușor ceapa, ardeiul și usturoiul tăiat cubulețe mici timp de 15 min. Adăugați șofranul și roșiile rase. Gatiti pana rosia isi pierde toata apa.

Adăugați orezul și gătiți 2 min. Se face baie cu bulionul sarat si se mai fierbe 18 min.

TRUC

Orezul trebuie să fie lipicios. Dacă nu, mai adăugați puțin bulion la sfârșitul gătitului și amestecați puțin.

OREZ NEGRU CU CALAMAR

INGREDIENTE

400 g de orez

1 l supa de peste

16 creveți curățați

8 pui de calmar

1 catel de usturoi

2 linguri sos de rosii

8 plicuri de cerneală de calmar

½ ceapă

½ ardei gras verde

½ ardei gras rosu

½ pahar de vin alb

Ulei de masline

Sare

ELABORARE

Ceapa, usturoiul și ardeiul se toacă mărunt și se prăjesc totul într-o tigaie pentru paella la foc mic până când legumele sunt moi.

Adăugați calmarul curățat, tăiat în bucăți medii și căliți la foc mare timp de 3 minute. Adăugați sosul de roșii și gătiți încă 5 minute.

Se adauga vinul si se lasa sa se reduca complet. Adăugați pliculețele de orez și cerneală și prăjiți încă 3 minute.

Adăugați bulionul clocotit până la punctul de sare și coaceți la 200 ºC timp de 18 minute sau până se usucă. Adăugați creveții în ultimele 5 minute și lăsați-i să se odihnească încă 5 minute înainte de servire.

TRUC

La sfârșitul orezului copt le este mai ușor să iasă la punctul lor. Insotiti cu un alioli bun.

OREZ PILAF

INGREDIENTE

300 g orez cu bob rotund

120 g de unt

60 g ceapa

600 ml supa de pui (sau apa clocotita)

2 catei de usturoi

1 crenguță de cimbru, pătrunjel și dafin

ELABORARE

Tăiați ceapa și usturoiul în brunoise și prăjiți-le în unt fără a lăsa culoarea.

Când începe să devină transparent, adăugați buchet garni și orezul. Se caleste pana orezul este bine impregnat cu grasimea de unt. Se umezește cu bulionul sau cu apă clocotită cu sare și se amestecă.

Gatiti aproximativ 6 sau 7 minute la foc mare, apoi coborati la minim, acoperiti si continuati sa gatiti inca 12 minute.

TRUC

Se poate termina la cuptor pentru 12 min la 200 ºC până se usucă. Acest orez servește ca fel principal sau ca acompaniament pentru carne și pește.

FIDEUÁ DE PESTE SI FRUCCE DE MARE

INGREDIENTE

400 g taitei subtiri

350 g de roșii

250 g de moc

800 ml stoc

4 scampi

1 ceapă mică

1 ardei gras verde

2 catei de usturoi

1 lingura boia de ardei

10 fire de șofran

Ulei de masline

Sare si piper

ELABORARE

Se rumenesc într-o tigaie sau o cratiță pentru paella, se coboară tăițeii în ulei. Scoateți și rezervați.

În același ulei, prăjiți homarii și monahia condimentată. Scoateți și rezervați.

În același ulei, prăjiți ceapa, ardeiul și usturoiul tăiate în bucăți mici. Adăugați boia de ardei, șofranul și roșiile rase și gătiți timp de 5 minute.

Adăugați tăițeii și amestecați. Umeziți cu fumet până la punctul de sare și fierbeți la foc mediu timp de 12 minute sau până când bulionul s-a evaporat.

Când au mai rămas 3 minute pentru a termina de gătit, adăugați homarii și monkfish.

TRUC

Însoțiți cu un alioli negru. Pentru a face acest lucru, este necesar doar să faceți un aioli normal și să amestecați împreună cu o pungă de cerneală de calmar.

PASTĂ PUTANESCA

INGREDIENTE

1 borcan de hamsii de 60 g

2 catei de usturoi

2 linguri de capere

2 sau 3 roșii mari rase

20 de măsline negre fără sâmburi

1 cayenne

Zahăr

Oregano

parmezan

ELABORARE

Se calesc hamsiile tocate in uleiul propriu al conservei la foc mic pana aproape dispar. Adăugați usturoiul tocat în bucăți foarte mici și fierbeți la foc mic timp de 4 minute.

Adăugați caperele tocate, roșia rasă și măslinele fără sâmburi și tăiate în sferturi. Gatiti aproximativ 10 minute la foc mediu impreuna cu ardeiul cayenne (se scoate dupa ce sosul este fiert) si potriviza zaharul daca este necesar. Adauga oregano si parmezan dupa gust.

Gatiti orice tip de paste si adaugati deasupra putanesca.

TRUC

Puteti pune putin morcov ras si vin rosu in prepararea lui.

CANELLONI DE SPANAC SI BRÂNZĂ DE VACIE

INGREDIENTE

500 g de spanac

200 g branza de vaci

75 g parmezan ras

50 g nuci de pin prajite

16 farfurii cu paste

1 ou bătut

Sos de roșii (vezi secțiunea Ciouri și sosuri)

Sos bechamel (vezi secțiunea Ciouri și sosuri)

Sare

ELABORARE

Gătiți farfuriile de paste în multă apă clocotită. Scoateți, răciți și uscați deasupra unei cârpe curate.

Gatiti spanacul timp de 5 minute in apa clocotita cu sare. Scurgeți și răciți.

Amestecați brânzeturile, nucile de pin, spanacul, oul și sarea într-un castron. Umpleți cannellonii cu amestecul și dați-le o formă cilindrică.

Pune o baza de sos de rosii pe o tava de copt, deasupra cannellonii si termina cu un sos bechamel. Se coace 40 min la 185 ºC.

TRUC

Puteți folosi orice tip de brânză pentru umplutură și o însoțiți cu una de tip Burgos pentru a-i oferi mai multă textură și netezime.

SPAGHETTI MARINERA

INGREDIENTE

400 g de spaghete

500 g scoici

1 ceapă

2 catei de usturoi

4 linguri de apă

1 roșie mică

1 pahar mic de vin alb

½ ardei iute

Ulei de masline

Sare

ELABORARE

Scufundați scoicile timp de 2 ore în apă rece cu multă sare pentru a le curăța bine de orice murdărie rămasă.

Odată curați, le fierbeți într-o oală acoperită cu 4 linguri de apă și paharul de vin. Imediat ce se deschid, scoateți-le și rezervați apa de gătit.

Se caleste ceapa si usturoiul taiate bucatele mici timp de 5 minute. Adăugați roșia tăiată cubulețe și gătiți încă 5 minute. Adăugați chilli și gătiți până când totul este bine poșat.

Ridicați focul și adăugați apa de la gătirea scoicilor. Gatiti 2 minute pana cand vinul si-a pierdut tot alcoolul si adaugati scoicile. Gatiti inca 20 de secunde.

Separat, se fierb spaghetele, se strecoară și fără să se răcească, se călesc cu sosul și scoici.

TRUC

La acest fel de mâncare puteți adăuga și câteva cuburi de moc, creveți sau scoici. Rezultatul este la fel de bun.

LASAGNE DE PASTE PROASPE FLORENTINE

INGREDIENTE

Pentru foile de paste

100 g de făină

2 oua

Sare

Pentru sosul de rosii

500 g de roșii coapte

250 g ceapa

1 catel de usturoi

1 morcov mic

1 pahar mic de vin alb

1 crenguță de cimbru, rozmarin și dafin

1 vârf de șuncă

Pentru sosul de dimineață

80 g de făină

60 g parmezan ras

80 g de unt

1 litru de lapte

2 galbenusuri de ou

Nucşoară

Sare si piper

Alte ingrediente

150 g spanac curat

parmezan ras

ELABORARE

Pentru foile de paste

Pe masa se aranjeaza faina sub forma de vulcan iar in gaura centrala se pune un praf de sare si ouale. Amestecați cu degetele.

Frământați cu palma, faceți o minge și lăsați-o să se odihnească la frigider timp de 30 de minute, acoperind-o cu o cârpă umedă. Se intinde foarte subtire cu un sucitor, se portioneaza, se fierbe si se raceste.

Pentru sosul de rosii

Iulieți ceapa, usturoiul și morcovul și prăjiți-le împreună cu vârful șuncii. Se adauga vinul si se lasa sa se reduca. Adăugați roșiile tăiate în sferturi și ierburile și acoperiți. Gatiti 30 min. Ajustați sarea și zahărul. Scoateți ierburile și șunca și amestecați.

Pentru sosul de dimineață

Pregătiți un bechamel (vezi secțiunea Cioroane și sosuri) cu greutățile indicate mai sus. Adăugați gălbenușurile și brânza de pe foc.

A se termina

Spanacul se taie fin si se fierbe 5 minute in apa clocotita. Se răcește și se scurge bine. Se amestecă cu sosul Mornay.

Serviți sosul de roșii la baza unei forme, apoi puneți pastele proaspete și terminați cu spanacul. Repetați operațiunea de 3 ori. Terminați cu sosul Mornay și parmezanul ras. Se coace la 180ºC timp de 20 de minute.

TRUC

Pentru a economisi timp puteți cumpăra foi de lasagna.

SPAGHETTI CU SOS CARBONARA

INGREDIENTE

400 g paste

100 g panceta

80 g parmezan

2 oua

Ulei de masline

sare si piper negru

ELABORARE

Taiati baconul fasii si rumeniti intr-o tigaie incinsa cu putin ulei. Rezervă.

Gatiti spaghetele in apa clocotita cu sare. Intre timp batem galbenusurile celor 2 oua si adaugam cascavalul ras impreuna cu un praf de sare si piper.

Pastele se strecoară fără să se răcească și fără să le lase să se răcească, se amestecă cu ouăle bătute. Gătiți cu căldura proprie a pastelor. Adăugați pancetta și serviți cu brânză rasă și piper.

TRUC

Albusurile pot fi folosite pentru a face o bezea buna.

CANELLONI DE CARNE CU BESAMEL DE CIUBICI

INGREDIENTE

300 g de ciuperci

200 g carne de vită

12 farfurii cu cannelloni sau paste proaspete (100 g faina, 1 ou si sare)

80 g parmezan

½ litru de lapte

1 ceapă

1 ardei gras verde

2 catei de usturoi

1 pahar de sos de rosii

2 morcovi

40 g de făină

40 g de unt

vin alb

Oregano

Nucşoară

Sare si piper

ELABORARE

Tăiați legumele în bucăți mici și prăjiți. Adăugați carnea și continuați să prăjiți până când vițelul își pierde culoarea roz. Sezon. Se adauga vin alb si se lasa sa se reduca. Adăugați sosul de roșii și gătiți timp de 30 de minute. Se adauga putin oregano si se lasa sa se raceasca.

În afară, faceți un bechamel cu unt, făină și lapte și nucșoară (vezi secțiunea Cioroane și sosuri). Apoi sări peste ciuperci și amestecă-le împreună cu bechamel.

Gătiți farfuriile de cannelloni. Umpleți pastele cu carne și înfășurați. Sos cu bechamel de ciuperci si stropim cu parmezan ras. Se coace la 190°C timp de 5 minute si se gratina.

TRUC

Pentru a preveni căderea lor, împărțiți cannellonii cât timp sunt reci. Atunci va fi necesar doar să încălziți porțiile în cuptor.

LASAGNE DE MERPI SI CALAMARI

INGREDIENTE

Pentru bechamel

50 g de unt

50 g de făină

1 litru de lapte

Nucşoară

Sare

sos de piper

2 ardei gras roşii mari

1 ceapă mică

Ulei de masline

Zahăr

Sare

Pentru umplutură

400 g de grupare

250 g de calmar

1 ceapă mare

1 ardei gras rosu mare

Farfurii de lasagna prefiarte

ELABORARE

Pentru bechamel

Se face un bechamel prăjind făina cu untul și adăugând laptele. Gatiti 20 de minute fara a opri amestecul si asezonati cu sare si nucsoara.

sos de piper

Prăjiți ardeii și, când sunt copți, lăsați-i să se odihnească acoperit 15 minute.

Între timp, căliți ceapa tăiată julien în ulei din belșug. Se curăță ardeii, se adaugă la ceapă și se prăjește 5 minute. Scoateți puțin ulei și măcinați.

Ajustați sarea și zahărul dacă este necesar.

Pentru umplutură

Puneți ceapa și ardeiul tăiate fâșii julienne și adăugați grupul. Se lasa 3 minute la foc iute si se adauga calmarul. Gatiti pana se inmoaie.

Puneți sosul bechamel pe o foaie de copt și deasupra un strat de paste lasagna. Umpleți cu pește. Repetați operațiunea de 3 ori.

Terminați cu bechamel și coaceți la 170 ºC timp de 30 de minute.

Se serveste cu sosul de ardei deasupra.

TRUC

Dacă adăugați puțin morcov fiert și zdrobit în bechamel, acesta va fi mai aromat.

PAELLA MIXTA

INGREDIENTE

300 g de orez

200 g midii

125 g de calmar

125 g creveți

700 ml supa de peste

½ pui tocat

¼ de iepure, tocat

1 crenguță de rozmarin

12 fire de șofran

1 rosie

1 ceapa primavara

½ ardei gras rosu

½ ardei gras verde

1 catel de usturoi

Ulei de masline

Sare si piper

ELABORARE

Tăiați, asezonați și rumeniți puiul și iepurele la foc mare. Scoateți și rezervați.

Se caleste ceapa, ardeii si usturoiul tocate marunt in acelasi ulei timp de 10 min. Adăugați șofranul și prăjiți timp de 30 de secunde. Adăugați roșia rasă și gătiți până se pierde toată apa. Ridicați focul și adăugați calmarul tocat. Gatiti 2 min. Se adauga orezul, se caleste 3 minute si se scalda cu bulionul sarat.

Deschideți scoicile într-o oală acoperită cu puțină apă. De îndată ce se deschid, scoateți și rezervați.

Preîncălziți cuptorul la 200 ° C și coaceți aproximativ 18 minute sau până când orezul este uscat. Adaugati crevetii in ultimul moment. Scoateți și întindeți peste midii. Acoperiți cu o cârpă și lăsați să stea 4 min.

TRUC

Când adăugați sare în bulionul uscat de orez, adăugați întotdeauna puțin mai multă sare decât de obicei.

LASAGNE DE LEGUME CU BRÂNZĂ PROASĂ ȘI CHIMEN

INGREDIENTE

3 morcovi mari

2 cepe mari

1 ardei gras rosu mare

1 vinete mare

1 dovlecel mare

1 cană de brânză Philadelphia

Cașcaval ras

chimen măcinat

paste lasagna

sos bechamel

ELABORARE

Tăiați legumele în bucăți mici și prăjiți-le în această ordine: morcovi, ceapă, ardei, vinete și dovlecei. Lăsați 3 minute de diferență între fiecare dintre ele. Odată sotate, adăugați brânză și chimen după gust. Rezervă.

Gătiți pastele lasagna urmând instrucțiunile producătorului și, între timp, faceți un sos bechamel (vezi secțiunea Cioroane și sosuri).

Intr-o tava potrivita pentru cuptor se pune un strat de sos bechamel, un alt strat de paste lasagna si apoi legumele. Repetați această operațiune de 3 ori, terminând cu un strat de bechamel și brânză rasă deasupra. Coacem la 190 ºC până când brânza devine aurie.

TRUC

Există o mare varietate de brânză proaspătă tartinată. Se poate face cu niste capra, cu ierburi, somon etc.

FIDEI CU IAURT SI TON

INGREDIENTE

400 g tagliatelle

50 g parmezan

2 linguri de crema de branza

1 lingura oregano

2 conserve de ton in ulei

3 iaurturi

Sare si piper

ELABORARE

Zdrobiți tonul nescurcat, brânza, iaurturile, oregano, parmezanul, sare și piper într-un pahar de blender. Rezervă.

Se fierb pastele în apă cu sare din abundență și se scurg fără să se răcească. Cu taiteii inca fierbinti se amesteca cu sosul si se serveste.

TRUC

Acest sos poate fi folosit pentru a face o salata buna de paste reci fara a fi nevoie de maioneza.

GNOCCHI DE CARTOF CU BRÂNZĂ ALBASTRĂ ŞI SOS DE FIST

INGREDIENTE

1 kg de cartofi

250 g de făină

150 g smantana

100 g de brânză albastră

30 g fistic decojit

1 pahar de vin alb

1 ou

Nucşoară

Sare si piper

ELABORARE

Spălaţi cartofii şi gătiţi-i cu piele şi sare timp de 1 oră. Scurgeti si lasati sa se raceasca pentru a le putea curata de coaja. Treceţi-le prin moara alimentară, adăugaţi oul, sarea, piperul, nucşoara şi făina. Framanta pana nu se lipeste de maini. Lasă-l să stea 10 minute. Apoi, împărţiţi aluatul în bile mici (gnocchi).

Gătiţi brânza albastră în vin şi continuaţi să amestecaţi până când vinul s-a redus aproape complet. Se adauga smantana si se fierbe 5 min. Se condimentează cu sare şi piper şi se adaugă fisticul.

Gatiti gnocchi in multa apa clocotita, strecurati si asezonati cu sos.

TRUC

Gnocchii sunt gătiți când încep să plutească.

PASTA CARBONARA DE SOMON

INGREDIENTE

400 g de spaghete

300 g de somon

60 g parmezan

200 ml de smântână lichidă

1 ceapă mică

2 oua

Ulei de masline

Sare si piper negru macinat

ELABORARE

Gatiti spaghetele in multa apa cu sare. Între timp, se rade brânza și se taie somonul în bucăți mici.

Se rumeneste ceapa cu putin ulei si se adauga somonul si smantana. Gatiti pana cand somonul este gata si asezonati cu sare si piper. Odată oprit de pe foc, adăugați ouăle și parmezanul ras.

Serviți spaghetele proaspăt făcute împreună cu carbonara.

TRUC

Daca adaugati putina bacon in acest sos, va fi o umplutura perfecta pentru cateva vinete coapte.

FIDEI CU BOLETUS

INGREDIENTE

400 g tagliatelle

300 g de hribi curați

200 g smântână lichidă

1 catel de usturoi

1 pahar de coniac

Sare

ELABORARE

Gătiți tăițeii în multă apă cu sare. Se strecoară și se răcește.

Rumeniți cățelul de usturoi tocat mărunt și adăugați ciupercile feliate. Gatiti la foc mare timp de 3 minute. Adăugați coniacul și lăsați-l să reducă până aproape se usucă.

Adăugați smântâna și gătiți încă 5 minute. Plasați pastele și sosul.

TRUC

Dacă nu este sezonul boletus, o opțiune excelentă sunt ciupercile deshidratate.

PIZZA GRĂTAR

INGREDIENTE

Pentru masă

250 g de făină tare

125 g apă călduță

15 g drojdie proaspătă presată

Ulei de masline

Sare

Sos pentru grătar

1 cană de roșii prăjite

1 cană de ketchup

½ cană oțet

1 lingurita de oregano

1 lingurita de cimbru

1 lingurita chimen

1 catel de usturoi

1 cutie de Cola

1 cayenne tocat

½ ceapă

Ulei de masline

Sare si piper

Alte ingrediente

Carne tocată de vită (după gust)

Piept de pui tocat (dupa gust)

Bacon tocat (dupa gust)

Branza rasa asortata

ELABORARE

Pentru masă

Puneți făina într-un bol cu un praf de sare și faceți un vulcan. Adăugați un strop de ulei, apa, drojdia mărunțită și frământați timp de 10 minute. Acoperiți cu o cârpă sau folie transparentă și lăsați-o să se odihnească timp de 30 de minute.

Odată ce aluatul și-a dublat volumul inițial, înfăinați masa de lucru și întindeți-i dându-i o formă rotunjită.

Sos pentru grătar

Tăiați ceapa și usturoiul în bucăți mici și braconați. Adăugați roșia prăjită, ketchup-ul, oțetul și gătiți timp de 3 minute. Adăugați cayenne, oregano, cimbru și chimen. Se amestecă și se toarnă cutia de Coca-Cola. Gatiti pana se obtine o textura groasa.

A se termina

Rumeniți carnea, puiul și baconul într-o tigaie.

Tapetați o foaie de copt cu hârtie de copt și puneți pe ea aluatul întins. Se pune un strat de sos gratar, altul de branza, altul cu carne, altul de branza si termina cu unul de sos

Preîncălziți cuptorul la 200 de grade și coaceți pizza pentru aproximativ 15 minute.

TRUC

Nu puneți prea multă umplutură deasupra pentru că asta ar împiedica aluatul să se coacă bine și ar fi crud.

RISOTT DE CÂRNAȚI ALB CU VIN ROSIU ȘI RUCĂ

INGREDIENTE

240 g de orez arboricole (70 g de persoană)

150 g parmezan

100 g rucola proaspătă

600 ml supa de vita sau pui

2 cârnați albi germani

2 linguri de unt

1 ceapă

1 catel de usturoi

1 pahar de vin rosu alb

Ulei de masline

Sare

ELABORARE

Curățați și tăiați ceapa și cățelul de usturoi în bucăți mici. Se caleste in 1 lingura de unt timp de 10 minute la foc mic. Adăugați orezul și gătiți încă 1 minut. Se adauga vinul si se lasa pana se evapora complet.

Adăugați bulionul clocotit și punctul de sare (ar trebui să fie 1 deget deasupra orezului). Se amestecă constant și se mai adaugă bulion pe măsură ce se consumă.

Tăiați cârnații în felii mici și rumeniți-i într-o tigaie. Cand orezul este aproape gata si putin ciorba adaugam carnatii sotati.

Terminați cu parmezan, cealaltă lingură de unt și amestecați. Se lasa sa stea 5 min. Pune rucola deasupra chiar in momentul servirii.

TRUC

Cel mai bun orez pentru acest preparat este arborio sau carnaroli.

FIDEI CU CREVETI, PANGICI DE LEGUME SI SOIA

INGREDIENTE

400 g tagliatelle

150 g creveți curățați

5 linguri sos de soia

2 morcovi

1 dovlecel

1 praz

Ulei de masline

Sare

ELABORARE

Fierbeți tăițeii în multă apă clocotită cu sare. Se strecoară și se răcește.

Între timp, curățați și tăiați prazul în bețișoare subțiri, alungite. Cu ajutorul unui curățător de cartofi, feliați dovleceii și morcovii.

Se calesc legumele intr-o tigaie incinsa cu putin ulei timp de 2 min. Adaugati crevetii si mai caliti inca 30 de secunde. Adăugați soia și tăițeii și gătiți încă 2 minute.

TRUC

Nu este necesar să adăugați sare în sos pentru că soia are deja multă.

ROSEJAT DE FIDEI CU SEPII SI CREVETI

INGREDIENTE

1 kg de sepie

400 g taitei subtiri

1 l supa de peste

16 creveți curățați

3 catei de usturoi

1 lingura boia de ardei

¼ litru ulei de măsline

ELABORARE

Tăiați sepia în bucăți și rumeniți-o într-o tigaie pentru paella împreună cu usturoiul. Rezervă.

Prăjiți bine tăițeii cu mult ulei. Când sunt aurii, se scot și se strecoară.

Adăugați tăițeii în tigaia pentru paella, adăugați boia și prăjiți timp de 5 secunde. Se umezește cu fumet, se adaugă usturoiul prăjit și sepia.

Când tăițeii sunt aproape gata, adăugați creveții. Lasam sa stea 3 sau 4 minute si servim fierbinte.

TRUC

Cel mai tipic este să însoțiți acest fel de mâncare cu sos alioli.

FIDEI CU MUCHĂ DE PORC CU CABRALES

INGREDIENTE

250 g tagliatelle

200 g brânză Cabrales

125 ml vin alb

¾ l smântână

4 fripturi de muschii

Ulei de masline

Sare si piper

ELABORARE

Tăiați muschiul în fâșii subțiri. Se condimentează și se rumenește într-o tigaie fierbinte. Rezervă.

Se pune vinul la micsorat cu branza. Amestecând continuu, adăugați smântâna și gătiți 10 minute la foc mic. Adăugați muschiul și gătiți încă 3 minute.

Fierbe pastele în multă apă clocotită cu sare. Se strecoară, dar nu se răcește. Adăugați pastele în sos și amestecați 1 min.

TRUC

Este de preferat să gătiți pastele în ultimul moment, deoarece astfel sosurile aderă mai bine la ele.

TOCANĂ DE MUNTE

INGREDIENTE

200 g fasole albă

200 g coastă de porc

150 g bacon proaspăt

100 g de chorizo proaspăt

1 lingura boia de ardei

2 cartofi

1 ureche de porc

1 os articulației

1 trot de porc

1 budincă neagră

1 nap

1 guză

Sare

ELABORARE

Lăsați fasolea la macerat timp de 12 ore.

Gatiti toata carnea si boia de ardei impreuna cu fasolea la foc mic in apa rece timp de 3 ore sau pana se inmoaie. Scoateți carnea pe măsură ce sunt fragede.

Când fasolea este aproape fiartă, se adaugă napul și cartofii tăiați în bucăți medii și se fierbe 10 min.

Separat, gătiți verdeața tăiată julien până se înmoaie. Adăugați la tocană și gătiți încă 5 minute. Ajustați sarea.

TRUC

Tăiați și serviți carnea într-un castron, iar tocanita se prezintă într-o papă.

FASOLE TOLOSA

INGREDIENTE

500 g fasole Tolosa

125 g de bacon

3 catei de usturoi

1 ardei gras verde

1 ceapă

1 cârnați

1 budincă neagră

Ulei de masline

Sare

ELABORARE

Pune fasolea la macerat timp de 10 ore.

Acoperiți fasolea cu apă rece cu slănină, chorizo și budinca neagră. Gatiti impreuna cu jumatate de ceapa si un strop de ulei. Gatiti aproximativ 2 ore la foc foarte mic.

Se toacă mărunt ardeiul cu restul de ceapă și usturoi. Se braconează încet timp de 10 minute și se adaugă la fasole. Se condimentează cu sare și se mai fierbe încă 3 minute.

TRUC

Dacă tocanita se usucă în timpul gătirii, adăugați apă rece.

www.ingramcontent.com/pod-product-compliance
Lightning Source LLC
Chambersburg PA
CBHW050346120526
44590CB00015B/1584